CONSIDÉRATIONS

SUR

LE NOTARIAT

ET

LA LÉGISLATION.

CONSIDÉRATIONS

SUR

LE NOTARIAT

ET

LA LÉGISLATION,

PAR N.-H. CELLIER,

EX-NOTAIRE A ROUEN.

En dehors de la saine philosophie, le
notariat est une plaie sociale.

PARIS.

DELAUNAY, LIBRAIRE,

AU PALAIS-ROYAL,

ET AU BUREAU DE LA JURISPRUDENCE DU NOTARIAT,

RUE GIT-LE-COEUR, Nº 12.

1837.

SE TROUVE A ROUEN,

CHEZ D. BRIÈRE, IMPRIMEUR,

RUE SAINT-LO, Nº 7.

Conviction , persévérance.

La haute importance que j'attache à la profession de notaire, toute l'influence que je lui attribue, est le résultat, non d'une prédilection aveugle, mais de réflexions mûries , éclairées, confirmées par une longue expérience des affaires.

Je n'ai donc point. cédé à cet enthousiasme, peut-être excusable, mais toujours mal entendu, que Molière a mis en scène dans le *Bourgeois-Gentilhomme* [1].

Sans prendre au sérieux la manière dont le grand comique a su couvrir de ridicule certaines gens qui roulent dans une sphère par trop rétrécie , on peut regarder

[1] Acte II , scène IV.

comme anti-philosophique, d'accorder une prééminence exclusive à une profession quelconque. Car c'est évidemment rabaisser d'autres professions estimables qui peuvent aussi réclamer pour elles une préférence du même genre. D'ailleurs, il faut bien se le rappeler, toute profession utile, par cela même qu'elle existe, mérite la considération publique, dèslors qu'elle est exercée honorablement. De plus, il n'en est peut-être pas une dont on pût se passer dans une société parvenue à un certain degré de civilisation. Aussi, je me sens porté à croire, avec M. Destutt de Tracy, que la suppression immédiate d'une seule industrie pourrait bouleverser l'économie de cette société, et la jeter dans tous les désastres d'une perturbation générale.

Et, s'il en est ainsi, il faut bien se garder

de déprécier une profession indispensable,
si peu importante qu'elle puisse paraître
au premier aperçu.

Au contraire, si l'on en veut sûrement
recueillir les bienfaits, il faut plutôt mettre
un grand soin à la relever aux yeux de
ceux qui l'exercent. Car il est un moyen
de forcer les hommes à se rendre estimables. Et s'il est rarement inefficace, même
quand on en fait l'application aux individualités, il agit avec une grande puissance
sur les membres des corporations. Ce
moyen si facile à mettre en pratique, c'est
d'accorder beaucoup d'estime à ceux dont
on veut beaucoup exiger. On développe
ainsi, l'on exalte les sentiments honorables
qui sont dans le cœur humain.

Mais on ne manque pas d'arriver à un
résultat diamétralement opposé, lorsque,
sans motif raisonnable, on déverse le mé-

pris sur des personnes qui, dans leur faible énergie, n'attendent qu'un peu de cette considération encourageante pour en mériter une plus grande. Aussi, *ceux qu'on entoure d'un mépris général finissent toujours par se rendre en effet méprisables* [1].

Maintenant, supposé que l'on accorde beaucoup de considération à certains états, seulement à cause de la nécessité absolue dont ils sont dans l'ordre social et de l'utilité qu'ils peuvent produire : certes, le Notariat se trouvera haut placé dans l'estime publique ; car, en preuve de ce qu'il est utile, nécessaire, indispensable, c'est qu'il a traversé tous les âges pour arriver jusqu'à nos jours.

Ce n'est point ici le lieu d'indiquer toutes les conséquences de son influence. Mais

---

[1] M. de Gérando.

on peut avancer, comme fait incontestable, qu'elle est immense; et il faut
ajouter que ses résultats seront ou très-
avantageux ou désastreux pour le repos
des familles et la prospérité publique, suivant que les notaires seront tels que la
société a le droit de les désirer, ou qu'ils
ne répondront qu'imparfaitement au vœu
de leur institution. Car il faut le dire et le
dire bien haut : *en dehors de la saine
philosophie, le Notariat dégénère en un
métier avili, devient un brigandage légal, le repaire du crime.*

Il importe donc que l'influence du Notariat ne puisse jamais être funeste, et
qu'au contraire, elle soit toujours un bienfait. Sans doute, quelques efforts sont nécessaires pour atteindre ce but, mais ce
n'est pas chose impossible.

D'abord, une fois devenue compagne

inséparable de la profession de notaire, la science fera justice des abus qui peuvent s'y rencontrer.

Et puis, si l'on parvient à faire mieux apprécier le Notariat par tous ceux dans l'intérêt de qui il est institué, les préjugés qui lui ont fait tort disparaîtront. Qu'il n'y ait plus rien d'occulte dans une profession qui doit, en toutes circonstances, se produire au grand jour pour obtenir plus de considération, et l'on réalisera ce vœu philanthropique : mettre chacun dans la confidence et les intérêts de tous, et faire que tous s'intéressent à la prospérité de chacun.

En faisant subir quelques réformes utiles au langage employé pour la rédaction des actes et contrats, les formules s'épureront ; on les débarrassera de certains restes d'une phraséologie surannée, parfois même rebutante. En un mot, le vocabulaire du Notariat étant mis à la portée de tout le monde, chacun pourra mieux comprendre les conventions qu'il souscrira.

On ne peut bien s'entendre qu'autant que l'on parle la même langue. Or, ce qui a établi une fâcheuse ligne de démarcation entre les gens du monde et le Notariat, c'est le dictionnaire particulier, le formulaire spécial dont on se fait usage pour rendre des conventions que ne pouvaient pas bien comprendre ceux-là mêmes qui les souscrivaient, à moins qu'on ne leur en fît une espèce de traduction.

Toutefois, il est bon de rappeler que certaines expressions sacramentelles doivent toujours rester dans le vocabulaire particulier du Notariat. On peut améliorer, sans doute, et beaucoup; mais vouloir tout changer serait impossible et même dangereux. Il ne faut pas plus répudier le passé que calomnier le présent, ni douter de l'avenir.

Au surplus, chaque état a son vocabulaire propre, son langage technique...

Quoi qu'il en soit, je pense qu'un des grands moyens à employer pour rendre le Notariat à sa véritable destination, c'est de le tenir au niveau des besoins de la société; de faire en sorte qu'il réponde à toutes ses exigences; et, surtout, que, mieux connu, il soit apprécié à sa juste valeur.

De toutes parts, même dans les romans, on se plaint que le Notariat n'offre point de garanties; on signale les notaires comme des spéculateurs avides, effrénés, qui comptent plutôt sur les bénéfices de la hausse et de la baisse, que sur les produits de leurs études. On émet des idées inexactes qui, en dépréciant la profession , faussent son but ; elle ne vit que d'estime et on l'en prive.

Ainsi , M. Léon Gozlan vous dit : « La vertu fait le prêtre, la science le médecin, *l'argent le notaire* [1]. »

Les romans bien faits sont plus histo-riques que l'histoire même. Ils sont l'expression des mœurs , des pensées de la société. Aussi l'auteur ne fait-il que reproduire une idée généralement admise dans le monde , et que j'ai en-tendu formuler maintes fois, en cent façons différentes.

Dans le cours de cet écrit , j'aurai l'oc-casion d'émettre mon opinion sur le peu de garanties dont le Notariat est entouré ;

---

[1] *Le Notaire de Chantilly*.

mais pourtant il n'est pas exact de dire : *L'argent fait le notaire.* Les charges sont vénales ? Oui ! mais pour les obtenir il faut autre chose que de l'argent : il faut avoir certaine capacité, justifiée par un certain temps de travail, et appréciée par des examinateurs…. Ces garanties ne sont pas toutes illusoires. Ajoutez qu'un notaire honnête homme fait tous ses efforts pour ne résigner ses fonctions qu'en faveur d'un successeur digne de la confiance que lui-même avait su inspirer. C'est là un devoir très-sérieux. On doit à ses clients ce dernier témoignage d'affection : prendre un successeur à la légère, et seulement parce qu'il paie, est une action des plus blâmables, à mes yeux c'est un crime.

M. Gozlan dit encore: « Le notaire n'arrive à son dernier développement d'action morale sur la société que par la

ruine de la fortune privée. » C'est là montrer le côté parfois vrai, mais peu avantageux du Notariat. Cependant il peut
revendiquer des bienfaits qui compensent
quelques fautes, sur le nombre desquelles
je n'entends pas chicaner, fautes qui toutes
tiennent à l'ignorance et à la cupidité,
toujours inséparables, mais que la science
détruira.

Enfin, j'ai lu dans l'ouvrage que je
viens de citer : « Le prêtre relève de Dieu ;
le médecin, ce prêtre du corps, relève de la
science. L'enfer nous répond des exactions
de l'un ; les universités sont la caution de
l'autre. Celui-ci a un serment, celui-là
un diplôme: *le notaire n'a qu'un reçu de
son prédécesseur.* » C'est dire tout simple-
plement que le notaire ne relève que de
lui-même. Cela est vrai, mais pas absolument, surtout quant à la capacité. Car il

est sous la surveillance des chambres de discipline et même de la magistrature. Quelquefois, sans doute, on peut bien parvenir à la rendre illusoire......

Et, quant à moi, je ne conçois qu'une bonne surveillance impossible à rendre illusoire, c'est celle du public. C'est à son tribunal que doivent être portées toutes les causes qui intéressent le Notariat. Car tous les maux qu'a produits la profession de notaire me semblent venir de son isolement de la société.

Or, pour arriver à une surveillance vraiment efficace, il faut faire cesser cet isolement; établir des rapports plus intimes entre le Notariat et le public; les faire bien connaitre l'un à l'autre, en mettant, comme nous l'avons dit, le Notariat à la portée de tout le monde.

Mais, pour cela, il est indispensable

d'avoir un intermédiaire franc et loyal, qui, pour le profit de tous, établisse ce contact, cette liaison si désirable. Car l'estime accordée aux notaires doit être le résultat d'une confiance donnée en connaissance de cause, et non point d'une confiance forcée, qui souvent se formule ainsi : *Au surplus, je m'en rapporte, car je ne comprends rien à tout cela....* Or, en fait de confiance, c'est un triste mobile que la nécessité, et elle n'a rien d'honorable quand elle procède d'une semblable cause.

Eh bien ! cet intermédiaire n'existe pas, que je sache. Il y a donc une lacune qu'il est important de remplir. Après y avoir long-temps réfléchi, c'est une tâche que j'ai voulu m'imposer.

Si la bonne volonté m'a trop fait présumer de mes forces, et qu'elles viennent à trahir mon zèle, j'espère que mes efforts ne seront pas pourtant sans aucun résultat. J'aurai indiqué la route. De plus habiles sauront la parcourir. Et les services immenses qu'ils auront rendus à la société seront un dédommagement des difficultés qu'il aura fallu vaincre.

Mais, avant tout, le plus essentiel est, je crois, de songer à former pour l'avenir, et sous les yeux mêmes du public, des sujets qui offrent toutes les garanties de capacité et de moralité que l'on a droit d'exiger de quiconque veut parvenir à être notaire.

DE L'INSTRUCTION
ET DE L'ÉDUCATION NOTARIALE.

I.

Les esprits vains et superficiels
peuvent tout tourner en ridicule.

(Lord **Brougham**, *Discours
sur la Théologie Naturelle*)

La vérité est de tous les temps et de
tous les lieux. Mais il est parfois utile d'attendre des circonstances favorables pour
la faire connaître. C'est le moyen de rendre
profitable toute publication , et aussi plus
imposantes les vérités que l'on veut mettre
en circulation.

Ainsi, j'aurais à dire beaucoup de choses
de détail touchant le notariat ; mais, auparavant, les nombreuses observations que
j'ai pu faire doivent encore être complétées

par de nouveaux renseignements qu'il est nécessaire d'y ajouter.

C'est de tous les faits rassemblés, groupés, et comparés entre eux, que doit ressortir un enseignement moral, propre à produire de grands résultats sous le rapport de l'amélioration du notariat. C'est ainsi qu'il faut faire une application de la méthode d'induction à tout ce qui peut se rattacher le plus directement à cette partie de l'organisation sociale.

Mais, en attendant une publication complète de tout ce que j'aurai été à même d'observer depuis mon début comme clerc, je pense qu'il est bon de rechercher, dès maintenant, par quelles causes l'immoralité peut prendre accès et se maintenir dans le notariat. Les réflexions, appuyées de faits, qui suivront plus tard ce premier aperçu, confirmeront, je pense, l'exposé dans lequel je veux aujourd'hui m'occuper exclusivement des jeunes gens qui travaillent pour arriver aussi à exercer la profession de notaire.

Plusieurs raisons me déterminent à en agir ainsi.

D'abord, j'ai pu rassembler plus d'observations sur ce qui concerne les clercs que sur les notaires eux-mêmes; j'en puis parler avec plus de connaissance de cause.

Ensuite, il y a beaucoup de chances de succès auprès d'eux. Ils sont jeunes; leur intelligence est docile : à leur âge, on aime la vérité, et l'on est généralement disposé à l'accueillir avec empressement et reconnaissance.

Et puis, en bonne logique, il ne faut jamais franchir d'intermédiaires. Or, le premier anneau logique de la chaîne notariale, c'est évidemment le clerc débutant.

Enfin, les clercs sont plus nombreux que les notaires. Ils ont donc, aux yeux de la société, plus d'importance morale pour l'avenir. Et nous savons qu'il ne faut pas compter agir sur les choses présentes : en général, on ne peut que semer pour un temps plus ou moins éloigné.

Ainsi, en commençant par m'occuper des jeunes gens qui forment la classe nombreuse des clercs de notaires, c'est aussi une marque de mon estime, de ma sympathie pour eux, et un témoignage de ma considération toute particulière qu'ici je me plais à leur donner. Je l'ai déjà dit [1], on ne leur reconnaît pas toute l'importance qu'ils ont, et eux-mêmes ne sentent pas toujours assez leur propre dignité. Peut-être verrons-nous bientôt pourquoi il en est ainsi.

[1] Cours public de Notariat, 2ᵉ séance.

II.

Cédant à l'irrésistible empire d'une forte conviction, résultat d'une longue et pénible *expérience, acquise à mes dépens,* j'ai voulu essayer de tracer à mes jeunes camarades une route plus facile à suivre que celle dans laquelle la routine et l'égoïsme de certaines personnes m'avaient long-temps forcé de marcher à tâtons. Ça a été de ma part un acte de conscience et de sympathie. Mais on ne l'a ni bien compris, ni bien apprécié quant à l'intention qui l'avait déterminé. Je ne peux ni ne veux dire ici comment on est parvenu à rendre ma tentative peu fructueuse. Plus tard, si cela était nécessaire pour l'exécution du plan que je viens de faire pressentir, je m'y déciderais sans scrupule et sans ménagement aucun.

Toutefois, je dois dire que, luttant avec persévérance contre des difficultés aussi nombreuses qu'insurmontables au premier aperçu, j'ai fait effort pour arracher à la science quelques lambeaux, dans le but principal d'en faire l'application à une profession qui, depuis long-temps, est accusée de suppporter honteusement tout le poids de la hideuse routine. Pour faire tourner au profit du notariat tout le produit de mes facultés intellectuelles, j'ai constamment essayé d'éclairer la pratique par la théorie : en faisant de la science, je travaillais pour la pratique du notariat.

Avant d'aller plus loin, je rappelle, en passant, que tout se tient dans l'ordre intellectuel aussi bien que dans l'ordre moral et dans l'ordre physique; qu'étudier une science : c'est être forcé de faire appel à d'autres sciences : la mauvaise foi ou l'ineptie, seules, ne comprennent pas cela.

J'ose affirmer ici, de la manière la plus positive, qu'il n'y a pas de pratique vraiment bonne si la théorie ne lui vient en aide. Faute de théorie, il n'y a pas non plus de surveillance efficace possible de la part du notaire; et pourtant, la surveillance la plus minutieuse et la plus étendue doit être constamment exercée par tout notaire qui, par vocation et par conscience, veut remplir les devoirs de sa profession. Il ne faut jamais que les erreurs qui peuvent lui échapper soient causées par l'incurie.

Voilà ce que je devais dire pour protester contre la désastreuse opinion de ceux qui mettent en avant que la pratique et la théorie ne peuvent marcher ensemble ; que l'une exclut l'autre, faute de temps pour les cultiver toutes deux ; tandis que, au contraire, elles se prêtent toujours un mutuel appui. Il n'en peut être autrement que chez les hommes négligents ou sans conscience. Aussi, à mes yeux, le mépris de la science rend plus que méprisables ceux qui font profession d'en ignorer l'utilité.

Sans doute qu'au premier aperçu, il semble beaucoup plus commode de ne faire que de la pratique ; ça n'exige pas autant de travail, au moins pour le moment. Et l'on stipule merveilleusement les intérêts de sa paresse en disant : « Je n'ai pas le temps ! »

Vous n'avez pas le temps, dites-vous ? Erreur ! On a toujours du temps à soi quand on sait le bien employer. Mirabeau vous répondra :

« Il n'est certainement qu'un *très-petit*
» *nombre d'emplois* qui occupent trop
» un homme pour l'empêcher de se livrer
» à l'étude assez pour y faire les plus
» grands progrès. L'étude est le délasse-
» ment agréable et nécessaire des em-
» plois. »

Et puis, en s'accoutumant à faire usage de ses facultés intellectuelles, on leur donne de l'activité, de la force ; on acquiert de la facilité pour la conception, et le précieux avantage de pouvoir fixer long-temps son attention sur un même sujet : condition sans laquelle il n'y a pas de progrès possible.

D'ailleurs, qui nous empêche de faire de tout, absolument tout, un objet de travail, d'étude, de méditation? Rien assurément. Or, il n'y a pas un seul instant, dans la journée, je dis un seul, où nous ne puissions examiner les rapports et les dissemblances de mille choses diverses, puis faire des abstractions, réunir, séparer, grouper de nouveau. — Observation, réflexion, comparaison, induction, voilà tout le secret du progrès intellectuel.

C'est ainsi que j'ai toujours tâché de faire moi-même, en restant surtout fidèle à ma plus vieille maxime :

Tout instant dérobé au travail est un vol fait à l'humanité !

Je suis d'ailleurs bien convaincu que le travail est l'ami de l'homme :

> Par lui des passions le tumulte s'apaise,
> Les chagrins sont calmés, le vice combattu,
> Il ajoute au plaisir, il nourrit la vertu [1].

J'ai lu quelque part, dans les ouvrages du docteur Virey, que l'étude modérée prolonge la vie et la santé. De fait, en consultant la biographie des hommes célèbres, on voit que tous, ou presque tous, ont considérablement travaillé, et que beaucoup d'entre eux sont parvenus à un âge fort avancé.

Ainsi, Voltaire avait pour devise : *Toujours au travail.*

Il y avait, dit-on, dans son cabinet, cinq pupitres sur lesquels étaient commencés

[1] Delille.

cinq ouvrages différents. Se sentant fatigué du travail de l'esprit, il trouvait le temps d'être architecte, agriculteur, jardinier ou vigneron.

On raconte de Lavater qu'il trouvait du temps pour tout faire.

« Quand on se représente, dit son biographe, tout ce qu'a fait Lavater, tous les ouvrages qu'il a publiés et tous ceux qu'il a laissés en manuscrit, et dont on a fait paraître une suite de volumes après sa mort, l'étendue et la régularité de sa correspondance, les devoirs de son ministère qu'il remplissait avec l'exactitude la plus scrupuleuse, les visites et les distractions sans nombre que lui attiraient la réputation de sa bienfaisance et sa célébrité littéraire, on s'étonne avec raison des résultats d'une activité si soutenue. Mais, pour en concevoir la possibilité, il faut observer l'ordre strict et presque superstitieux avec lequel sa tête vive et mobile était parvenue à régler habituellement l'emploi de toutes les heures, et, pour ainsi dire, de tous les instants de sa journée. »

Et ainsi d'une infinité d'autres hommes célèbres ou remarquables par leurs productions intellectuelles.

A plus forte raison, ceux dont l'organisation ne leur permet pas d'espérer de marquer leur passage d'une manière brillante doivent-ils travailler doublement pour tâcher de parvenir à remplir utilement leur place dans l'ordre social. Il ne faut donc jamais dire : Je ne peux pas. Car, non-seulement on peut ce que l'on veut, mais presque toujours beaucoup plus que l'on ne veut. Moins on a de facilité apparente, plus il faut faire d'efforts pour approcher de la perfection.

Enfin, pour n'y plus revenir, rappelons encore qu'en économie politique, le travail est considéré comme la source de toutes nos richesses. Et même M. d'Hauterive ajoute :

Le travail est le moteur général de tous les rapports de l'organisation sociale[1].

Mais le travail ne produit pas seulement des richesses matérielles, il en produit aussi d'intellectuelles et bien supérieures aux autres.

Or, ceux qui possèdent des richesses en petite ou grande quantité en disposent

[1] Cité par **M.** Villeneuve-Bargemont, dans son excellent ouvrage intitulé : *Économie politique chrétienne, ou recherches sur la nature et les causes du paupérisme en France et en Europe.*

comme ils l'entendent : il y a des avares et des prodigues.

En fait de richesses intellectuelles, les avares sont de vilains égoïstes ; les prodigues, eux, pensent et sentent ceci avec lord Brougham :

« La curiosité naturelle à tous les hommes n'est pas ce qui tend seul à l'acquisition de la science : *le désir de la communiquer* est une forte propension de notre nature qui conduit au même but important. Il y a un plaisir tout aussi positif à enseigner aux autres ce qu'ils ignorent qu'il y en a à apprendre ce que nous ne savons pas nous-mêmes. »

Quoique mon fonds ne fût pas grand, j'ai fait le prodigue, bien convaincu qu'en fait d'intelligence, si l'on ne dépasse pas de justes bornes, plus on dépense, plus on s'enrichit.

Il est vrai que tout le monde ne comprend pas cela, et que souvent l'intelligence n'est comptée que pour la somme de richesses matérielles qu'elle peut nous faire acquérir immédiatement.

Aussi, je ne puis mieux terminer ce paragraphe que par les réflexions suivantes, que j'emprunte encore à lord Brougham :

« Les facultés de l'esprit humain, de même que ses sensations, sa force intellectuelle, de même que sa force active, sont employées sans intermission, quoique avec des efforts plus ou moins grands, d'une ou deux manières, soit par rapport à quelque objet immédiatement lié aux moyens de subvenir à nos besoins, soit par rapport à des objets de pure contemplation. La

première classe de nos efforts se rapporte
à tous les objets de nécessité, d'aisance ou
de jouissance physique. La presque totalité
du genre humain emploie ou les forces de
l'intelligence ou celles des passions, ou
même toutes deux, à la recherche de ces
objets ; quelques-uns y consacrent la plus
grande partie de leur existence ; la géné-
ralité presque la vie entière. L'autre classe
d'efforts intellectuels, qui n'occupe qu'un
très-petit nombre d'hommes [1] pendant
la plus grande partie de leur vie, et qui

[1] De fait, il n'y a que les sommités sociales qui soient
dans l'absolue nécessité de posséder science et moralité *au
plus haut degré possible*.

« Jugez les hommes, les meneurs d'hommes, j'entends,
car je ne parle pas de ce vaste troupeau humain appelé,
dans toutes les nations, le peuple, et qui a vécu jusqu'ici
misérablement courbé sur une terre trempée de sang humain et de larmes humaines. »

(M. Victor CONSIDÉRANT, *Considérations sociales
sur l'Architectonique.*)

n'occupe la masse générale qu'accidentellement et à des intervalles considérables, comprend dans ses limites tous les sujets de méditation et de réflexion, et tout ce qui tient du raisonnement et de la discussion spéculative. »

III.

Homme ! regarde le ciel : si les
dangers sont grands, le pilote est là!

Le désespoir ne mène à rien. Il ne faut
pas se laisser décourager par les difficultés
que l'on rencontre sur la route du perfectionnement.

Le point principal, c'est de connaître la
cause du mal , parce qu'après cela, on peut
facilement indiquer les remèdes dont l'application est utile.

Tâchons donc de découvrir les causes
d'immoralité , ou mieux , de démoralisa-

tion qui peuvent faire irruption dans le notariat.

En France, il n'y a réellement pas d'éducation publique. Je dis éducation et non instruction.

Aussi, les jeunes gens qui se destinent, ou qui, par hasard ou par calcul, sont destinés à une profession quelconque, embrassent cette profession parce qu'il en faut une, sans songer aucunement aux conséquences de leur détermination, ni envisager les obligations auxquelles ils se soumettent. Le choix d'un état n'est pas un objet d'importance : pour l'embrasser, on ne songe qu'aux avantages prochains qu'on en peut obtenir sous le rapport des bénéfices matériels.

Mais ne sortons point de ce qui est relatif au notariat.

Faute d'éducation préparatoire, on débute dans cette partie sans principes fixes. On n'a aucune règle de conduite adoptée : les circonstances si variables plient de mille façons un jeune caractère, et finissent souvent par amener une absence de caractère. La vie au jour le jour, et la satisfaction de besoins réels ou factices, voilà toute la morale des débutants.

Et pour l'instruction, c'est à-peu-près la même chose et très-souvent encore pis. Généralement, on sait fort peu quand on débute dans la profession de notaire : pour certains clercs, même élevés en grade, écrire le français et l'orthographe, c'est du luxe !

Ainsi, c'est presque toujours une éducation et une instruction à faire ou à recommencer. Eh bien ! que fait-on pour cela ?

Avant de nous occuper de cette question, examinons d'abord ce que l'on trouve comme modèles d'éducation et comme moyens d'instruction.

En additionnant ensemble beaucoup d'immoralités ou beaucoup d'incapacités, l'on aura toujours pour total de l'immoralité ou de l'incapacité. Il y a plus, la réunion d'un certain nombre de personnes ne donnera pas pour résultat seulement l'incapacité de dix individus, par exemple, pour former un total de dix: ils seront ignorants comme quinze, si cela ne dépasse...

C'est assurément un mauvais moyen de perfectionnement que la réunion de jeunes gens livrés à eux-mêmes, sans guide ni direction. Ils sont sous l'empire de la vanité du *petit savoir*, avec toutes les conséquences qui en découlent.

Pour eux, la moralité ne pourra être que pure chimère! s'ils n'en ont point sous les yeux, ils se garderont bien d'en établir les principes ; ce qui n'est pas non plus chose si facile !... Toutes leurs facultés seront exclusivement tournées vers un point capital : ils ne songeront qu'à se créer des ressources pour le moment présent, et à se faire un état dans le monde pour l'avenir ; et tout cela vaille que vaille, sans ordre ni discipline de jugement.

Chaque chose attire ou engendre son analogue. Or,

Les trois quarts des vertus sociales sont des vices qui ont peur [1].

C'est peut-être là une sentence un peu trop largement sévère. Pourtant, on ne peut en nier l'extrême justesse dans une infinité de circonstances. Aussi, que d'hypocrisie à l'ordre du jour ! Et qu'es-

---

[1] Hippolyte Raynal, *Malheur et Poésies.*

pérer autre chose, si les vrais principes ne président pas aux actions humaines !

Ainsi donc, pour la moralité que l'on peut s'attendre à rencontrer dans les études.... déception !

Maintenant, vient l'instruction : on y en trouve un peu plus; mais quelle instruction !!...

Chacun de ceux qui composent le personnel d'une étude de notaire, a pour occupation un travail qui, comme nous le verrons bientôt, tient l'intelligence dans un cercle fort rétréci. Elle y roule constamment sans vouloir ni pouvoir en sortir. De sorte que, pour elle, les acquisitions nouvelles sont à-peu-près nulles, presque impossibles par le fait. De plus, faute d'exercice, les facultés intellectuelles s'engourdissent, et le peu de savoir qu'on a pu posséder finit par disparaître tout-à-fait. A

la vérité, c'est ce dont on se chagrine fort
peu. On regrette bien rarement le savoir
perdu. Un grand nombre de personnes s'en
consolent, en vous disant, avec un certain
sentiment de vaniteuse satisfaction : « J'ai
su cela dans le temps ! »

Et d'un autre côté, comme l'instruction
que l'on veut totalement spécialiser ne peut
jamais être complète, il s'ensuit que le débutant se trouve parmi des personnes qui
ne possèdent même pas une connaissance
parfaite de la spécialité que l'on y vient
acquérir.

Ainsi, notre débutant se trouvera au
milieu d'une atmosphère *d'immoralité* et
d'ignorance.

Eh bien ! que fera-t-il pour en sortir ?

C'est ici qu'il devient intéressant d'examiner la conduite, tantôt **forcée**, tantôt

facultative, de cette jeune intelligence exposée à tant d'influences diverses.

Et d'abord, notre entourage exerce un empire immense sur nous.

L'on a vu dans tous les temps, et l'on a dit dans toutes les langues, que les habitudes gouvernent le genre humain. Or, l'état de l'éducation n'est que celui de faire prendre aux hommes les habitudes qui leur seront nécessaires dans les circonstances auxquelles ils seront appelés [1].

Si donc nous vivons dans un milieu qui ne soit pas précisément moral, il y a de grandes chances pour nous faire arriver à deux résultats désastreux. D'abord, nous n'acquerrons que de l'immoralité, si

[1] Mirabeau, *Importance et objet de l'Éducation.*

l'on peut dire ; et puis, nous perdrons le peu de bons principes que nous avions reçus dans notre famille. J'ai vu, par expérience, que ceci est positif.

Maintenant, l'influence de l'habitude sur la faculté de penser et d'agir n'est plus un mystère. Elle a été étudiée : on la connaît.

Or, vivant au milieu de jeunes gens dont les habitudes ne sont qu'intellectuelles [1], fort heureux encore quand elles ne sont pas autre chose, dites-moi, je vous prie, ce que le débutant peut espérer de bon pour son éducation ?

Les hommes réunis en société imposent toujours leurs habitudes ; il faut s'y plier pour avoir la paix... Mais n'oublions pas que l'on peut trouver très-agréable de s'af-

---

[1] Il ne faut pas confondre ce mot avec celui de *morale*.

franchir *forcément* de toute espèce de retenue, dé s'émanciper, comme on dit,
pour se livrer à tous les plaisirs de la nou-
veauté.

Ainsi, de fait ou de volonté, on prend
vite les allures de ceux avec qui l'on vit [1];
avec eux on fait du dévergondage au besoin
et souvent par goût, puis de l'hypocrisie
quand on est forcé de retourner en famille.

Il y a surtout une chose que l'on peut

---

[1] « ..... Le jeune Antoine répondit d'abord par une conduite régulière à l'excellente éducation qu'il avait reçue,
et il espérait bientôt arriver à des fonctions brillantes, lorsque le hasard le mit en rapport avec quelques jeunes gens
habitués depuis long-temps au libertinage et à la paresse.
Antoine se sentit d'abord de la répugnance pour leurs
propos dissolus et pour leur conduite dévergondée; mais,
peu-à-peu, *il se familiarisa avec ces vices présentés sous
des dehors séduisants;* IL CÉDA A UNE FAUSSE HONTE,
et, quelques mois s'étaient écoulés à peine, qu'il se trouvait le plus effronté et le plus dissolu d'entre ses compa-
gnons.

» Adieu alors à ses espérances d'avenir ! car on le cite par-

regarder comme une vraie calamité, ce
sont les conversations. Je ne connais rien
de plus déplorable. Insignifiantes, d'abord,
elles roulent sur une infinité de sujets entièrement étrangers au but vers lequel on
marche; puis elles deviennent licencieuses,
et, alors, elles sont bien le plus sûr moyen
de conduire à de mauvaises actions. Car
*l'action suit de près le discours, et l'on
s'accoutume volontiers aux choses dont
on aime l'expression* [1].

tout comme un libertin indigne d'occuper l'emploi le moins
honorable. Adieu à la fortune, car voici venir les dettes, les
créanciers, les emprunts à usure et la misère! Son père et
sa mère succombent à un trop juste désespoir; et les débris
de leur héritage, ce que les gens de loi et les créanciers ont
laissé à Antoine, se dissipent bientôt: alors, arrivent la pri-
son pour dettes, puis l'escroquerie, puis la détention, puis
l'hôpital: encore fût-ce à la pitié et à la protection qu'il
dut un asile qu'il ne méritait point.»

HENRY BERTHOUD, Études sur Bicêtre.

[1] Bossuet.

Il est certain que, dans les études de notaires, il y a parmi les jeunes gens qui en
composent le personnel, absence de MORA-
LITÉ *dans la rigoureuse acception de ce
mot.* Et cela ne peut pas être autrement.
Aussi, le jeune homme qui vient s'y fixer,
trouve-t-il beaucoup d'occasions de démoralisation.

Mais le travail auquel on s'y livre offre-
t-il, au moins, chances de compensation,
et peut-il conduire à une bonne instruction?

D'abord, je dis non, parce qu'il n'y a
point de méthode que l'on puisse suivre
comme un guide sûr [1].

Ainsi, d'une part, vivant au milieu de
la presque ignorance, on ne peut guère
augmenter la somme de ses connaissances.
Et même, avons-nous dit, on perd le peu

[1] Voir la note additionnelle.

que l'on possédait, en tant qu'elles sont
étrangères à la profession qu'on veut exercer, parce qu'on se spécialise par trop [1].

D'un autre côté, sous le rapport de
la spécialité même, on n'acquiert encore
qu'une instruction bien bornée, parce
qu'elle manque de base et de moyens d'exécution.

Le commençant ne fait que de la pratique, rien que de la pratique, et très-
souvent de la mauvaise.

En copiant, il n'est vraiment qu'une machine écrivante, pour la majeure partie du
temps. Il ne copie pas toujours avec exactitude : preuve qu'il donne peu d'attention
à une besogne rien moins qu'attrayante,
quand on n'en comprend ni l'importance
ni les conséquences. De sorte qu'ici le

____

[1] Voir la note additionnelle.

travail de l'intelligence n'existe pas. Aussi, elle s'engourdit ou se déprave. L'attention, ce puissant ressort de l'intelligence humaine; l'attention, qui, comme le rappelle lord Brougham, est la base de tous nos progrès, en quelque genre que ce soit, devient une faculté perdue : faute d'exercice, elle tombe dans la paralysie, l'incapacité complète. L'imagination prend le dessus; elle se livre à tous ses écarts, divague, et Dieu sait sur quels objets elle s'arrête.

Mais, plus tard, avec beaucoup de temps, on arrive à la hauteur du *talent-minute;* autrement, on parvient à rédiger soi-même des actes. Alors, on cesse d'être machine; mais, malheureusement, on devient très-souvent *mécanique intelligente.* Car c'est seulement à force de travailler sur des mots, sans s'enquérir des idées dont ils sont la représentation, et de produire à l'aide de la mémoire et du formulaire, que l'on arrive à un certain degré d'habitude qui, aidée d'un peu de tact, met à même de distinguer, tant bien que mal, les espèces diverses, pour leur faire l'application de la science acquise et non digérée que l'on possède. Et pourtant, alors, on est vraiment clerc-rédacteur!

On conçoit qu'une telle rédaction, résultat du tâtonnement, vraie mosaïque, profitera peu à son auteur, et nuira fort souvent aux intérêts du client. C'est tout simplement de la routine et rien que de la *routine aveugle*, cette plaie honteuse de l'esprit humain.

Et comment pourrait-on espérer d'en sortir? C'est impossible, tant que les choses se passeront comme nous le voyons depuis long-temps.

A moins d'un courage spécial pour lutter contre les mauvaises habitudes du milieu dans lequel on vit, il faut se résigner à une servile imitation, à faire toujours comme on a vu faire, sans savoir le pourquoi des choses : système d'abrutissement. Si une longue pratique et beaucoup d'habitude des affaires, jointes à quelques moyens naturels, finissent par en triompher, comme le pli est pris, l'intelligence, ayant manqué de développement et d'une bonne direction dans l'origine, restera stationnaire, si même elle ne rétrograde.

Que si quelques privilégiés sortent de la ligne, voués entièrement à l'exercice intellectuel, ils tourneront toutes leurs facultés vers le *lucre*. Ils les emploieront à se procurer des jouissances qu'ils appellent *positives*. Ceux-là, leur procès est

fait par M. Mac-Culloch, qui, en recon-
naissant la prééminence des jouissances
nobles, des passions héroïques, sur toutes
les autres, les regarde comme le partage
exclusif d'un petit nombre d'ames fortes
et d'un ordre supérieur.

Dans les études de notaires, on travaille
toujours pour constater des mutations
quelconques de fortune. Aussi, avant de
rien posséder par soi-même, on s'accoutume au langage et aux allures des personnes riches. Parfois même, on est
forcé de figurer au milieu de réunions
dispendieuses... On se fait une fausse idée
du bonheur que procure la fortune, et, à
tout prix, on veut en acquérir. Les moyens
d'y parvenir occupent exclusivement notre
faculté pensante; on ne combine des idées
que pour trouver le chemin qui conduira
au but tant désiré. Il en résulte, parfois,

qu'on se livre à des actes coupables. Mais ceci ne peut, maintenant, faire la matière de notre examen. Cela se trouvera mieux placé ailleurs et plus tard. C'est là une question grave qui a besoin d'être encore mûrie, pour être traitée dans ses détails avec fruit et en son temps : elle se rattache à d'autres considérations.

Mais je veux bien admettre le cas d'une chance aussi peu défavorable que possible; il n'est pas moins certain que, pendant que l'intelligence sera ainsi restreinte dans un cercle purement économique, de toutes parts limité par le mot *argent*, tout ce qui aurait pu faire l'objet d'utiles méditations sera négligé; la partie morale, l'éducation, sera entièrement sacrifiée au profit de l'instruction et de la fortune : toutes les belles facultés de l'ame seront étouffées!...

« Je voudrais savoir au juste, dit M.

Aimé Martin, le nombre des idées de cette foule qui, chaque matin, sort de nos maisons, remplit les rues, inonde les places, roule, gronde, se précipite, et s'écoule silencieusement aux premières heures de la nuit. Masse aux cent mille têtes, qui, interrogée hors de ses passions, n'exprime que les sentiments les plus nobles, le goût le plus pur, les volontés les plus généreuses ; qui admire Socrate et maudit Anytus ; mais dont, par un contraste bizarre, chaque membre, pris à part, espèce *d'animal à face humaine*, semble avoir des yeux pour ne pas voir, des oreilles pour ne pas entendre, une intelligence pour ne pas penser, et, avec tout cela, *une ame abîmée dans la matière* [1]. »

_____

[1] *De l'éducation des mères de famille, ou de la civilisation du genre humain par les femmes.*

Eh bien! ces habitudes prédominantes de la vie matérielle n'ameneront-elles pas toujours des résultats comme nous en avons tant vu? Des notaires, même sortis des affaires en emportant de la considération et possédant de la fortune, tourneront encore et toujours leur activité vers les spéculations de la richesse industrielle, et finiront par consommer leur propre ruine, celle de leurs femmes, de leurs enfants, de leurs amis et de tous ceux enfin qu'ils auront pu faire dupes!... Ceci n'est pas du roman; c'est de l'histoire, malheureusement aussi véritable que commune, et à la connaissance de tout le monde [1].

[1] Je voudrais que l'on pût faire connaître la statistique de tous les notaires qui ont manqué Ce serait un moyen de s'assurer si leur conduite reprochable ou criminelle ne tient pas toujours à l'ignorance, qui mène si directement à l'immoralité.

Et l'on ne crierait pas : Au scandale, à l'immoralité! et l'on n'aurait pas assez de moralité pour rechercher et faire connaître la cause de tant de désastres! et l'on ne ferait pas des vœux pour un meilleur avenir! Oh! il faut chercher quelque part la consolation d'un passé qui ne reviendra plus, et du présent, dont, à juste titre, on est parfois bien mécontent. Cette consolation, on ne la trouvera qu'en portant ses regards avec calme et persévérance dans le bien, vers l'avenir, sur lequel seul nous pouvons exercer quelque influence salutaire.

IV.

CONCLUSION.

Tous nos maux viennent de l'erreur.

Nous venons de le voir, les causes de l'immoralité ou de la démoralisation du notariat ont leur source principalement dans le défaut d'éducation et d'instruction, dans l'ignorance enfin.

Elles sont entretenues par un vice, ou plutôt par un absence d'éducation notariale.

En effet, on arrive dans le notariat sans ducation, sans principes fixes, avec peu ou point d'instruction.

On y trouve l'immoralité et l'ignorance, dans le sens que nous avons expliqué plus haut.

On y travaille en machine en copiant, puis mécaniquement en se spécialisant.

On y manque d'émulation ; on y vit même en rivalité [1].

Généralement, on y marche dans les étroits sentiers de la routine.

On n'y applique son intelligence qu'à des objets de richesses matérielles ; on donne dans le luxe, cette grande lèpre sociale, quoi qu'on puisse dire pour le justifier [2].

Tandis qu'il faudrait enfin que chacun

[1] Voir la note additionnelle.

[2] Aux apologistes mal avisés du luxe on peut opposer l'autorité du grand Frédéric : « Les bonnes mœurs, dit-il, ont été les vraies gardiennes des empires ; leur corruption, l'introduction du *luxe* et l'amour démesuré des richesses, ont été, de tout temps, les précurseurs de leur chute. »

comprît que rien n'est isolé dans le monde physique et intellectuel ; que toutes choses ont des rapports entre elles ; que de ces *rapports forcés* résulte *la morale,* dont le but est de nous les faire connaître, de manière à nous bien enseigner à ne les jamais choquer.

Car chaque homme, comprenant bien sa mission sur la terre, saurait que, dans quelque position qu'il se trouve, il peut, *il doit* faire le bien pour le bien en lui-même ; que toutes ses actions seront suivies de punition ou de récompense, même immédiate, pour lui ou pour ses semblables ; que l'égoïsme, cette vilaine plaie du siècle est le plus faux calcul de l'intérêt personnel, comme la plus honteuse de toutes les spéculations ; que la personnalité, le moi, divinisés par ceux qui manquent trop d'intelligence et de sympathie pour s'intéresser au sort de leurs semblables, n'ont jamais produit le bonheur, non, jamais ! et qu'ils sont une négation de tout ce qu'il y a de beau, de bon, d'utile, de grand.... L'égoïsme, c'est une insulte adressée à Dieu, c'est une dégradation de l'homme qui fait profession de la plus stupide ignorance, celle de ses rapports avec lui-même et avec les objets qui l'entourent.

Or, comme jamais homme vraiment savant ne fut méchant, c'est à la science, et à la science seule qu'il faut faire appel pour régénérer le notariat ; son avenir n'est que là !

Quant aux *moyens d'y parvenir,* j'ai tâché de les indiquer en partie dans le MÉMOIRE QUI SUIT, déjà imprimé sous forme de *Lettre à M. de Rancé, député de l'Eure.*

LETTRE

A M. DE RANCÉ,

DÉPUTÉ DE L'EURE.

••

LETTRE

A MONSIEUR DE RANCÉ,

DÉPUTÉ DE L'EURE,

SUR L'ORGANISATION LÉGALE

DE

COURS PUBLICS

DE NOTARIAT,

> Les esprits les plus actifs se refroidissent, la tristesse et le découragement s'emparent des ames, lorsque le zèle n'est pas soutenu jusqu'à un certain point par la sympathie et le succès.
>
> (M. GUIZOT, ministre de l'instruction publique.)

MONSIEUR,

Puisque vous voulez bien accorder votre appui au projet que j'ai conçu de solliciter la création d'écoles de Notariat, je me regarde comme obligé, par devoir et par reconnaissance, d'entrer avec vous dans quelques détails qui me paraissent motiver la proposition qui pourrait être faite à la chambre des députés, pour obtenir l'organisation légale de ces écoles.

Tout ce qui joue un rôle dans l'économie sociale doit fixer l'attention, appeler les méditations des hommes instruits, et surtout de ceux qui, par position, sont à même d'influer sur la marche à suivre dans un bon système de gouvernement, pour arriver à doter le pays d'institutions fortes et durables. Leur sollicitude doit encore s'étendre aux institutions qui ont reçu la sanction du temps et de l'expérience, mais qui réclament de nouveaux perfectionnements, pour s'appuyer sur des bases nouvelles.

Dans un ensemble social, pas une des

parties composantes n'est indifférente. Le Notariat, qui se rattache à tout, et dont l'importance n'est peut-être pas assez généralement sentie, ne peut passer inaperçu au milieu de toutes les révisions que commande l'intérêt public.

Aussi, me rappelant la position du Notariat, et examinant s'il est resté fidèle au but de son institution, je voudrais qu'il fût proposé, comme complément de cette institution, l'organisation légale, sur tous les points de la France assez importants pour en recevoir le bienfait, d'Ecoles de Notariat, propres à faciliter, aux jeunes gens qui se destinent à la profession de notaire, l'étude de la science notariale dans sa plus grande extension.

Les notaires sont les magistrats de la juridiction volontaire.

En effet, les parties contractantes se

transportent volontairement devant eux,
dans le but d'exposer contradictoirement
leurs prétentions respectives, et de faire
connaître réciproquement leurs intentions,
pour faire constater ensuite les conventions
qui en sont le résultat. Le notaire entend
les observations de chacun, voit si les conventions arrêtées sont conformes aux prescriptions légales ; il donne ses conseils aux
contractants, dont souvent il modifie les
résolutions avant de les revêtir de la forme
authentique. Souvent aussi il les change, et
quelquefois les dénature entièrement par
son heureuse influence, alors qu'elles seraient en contradiction avec ce que les lois
positives règlent par voie de disposition
générale.

Et puis, s'il arrive qu'il ne règne pas
une entière bonne foi dans les relations à
l'occasion desquelles on vient devant le

notaire, lui, partie désintéressée, réduit à leur juste valeur les prétentions de chacun. De cette façon, il rétablit l'équilibre, empêche qu'une convention soit profitable à l'un des contractants, aux dépens de l'autre. Presque toujours, il est pris pour juge en dernier ressort sur certains points en litige. On s'en rapporte à lui ; il prononce sur des contestations qui n'auront plus aucune suite ; il étouffe des procès près de naître.

La loi positive donne le droit aux particuliers et leur laisse le soin de régler, comme ils l'entendent, toutes les affaires qui les intéressent, pourvu que leurs conventions ne soient pas en contradiction avec la loi positive.

Mais, bien que nul ne soit censé ignorer la loi, c'est pourtant une grande difficulté, pour des contractants, de pouvoir harmo-

niser leurs conventions avec les dispositions de la loi positive. Car, souvent, ils sont
amenés, par les circonstances, à la vouloir
modifier ou enfreindre, pour la plier à
leurs intérêts ou à leurs caprices. Force
leur est donc de s'adresser à des hommes
capables de maintenir les conventions lais-
sées à l'arbitraire des particuliers, dans les
limites que les lois ont posées par voie de
disposition générale.

Les lois positives ont été justement dé-
finies des limites tracées à nos actions[1]. Il
y a donc une limite en-deçà de laquelle
chacun peut faire des lois pour lui-même.

Mais les conventions qui tiennent lieu de
lois, qui ont force de loi, qui sont de véritables lois positives, doivent être revê-

[1] « Vous viendrez jusque-là, et vous ne passerez pas plus
loin, et vous briserez ici l'orgueil de vos flots ! »

(Job. chap., 38, v. 11.)

tues de formes qui en puissent assurer l'exécution.

Pour cela, deux opérations sont essentielles : l'une, d'examiner si ces conventions sont possibles et profitables ; si elles prennent leur source dans des déterminations morales et économiques, si leurs conséquences éloignées ne présentent rien de contraire aux prescriptions d'une sage raison ;

L'autre, de rédiger ces conventions de manière à ce qu'il ne puisse s'élever aucun doute quant à leur exécution. Il faut qu'elles portent avec elles leur propre explication ; en un mot, elles doivent posséder toutes les qualités des lois promulguées par le législateur.

Et, de même que la loi positive prend naissance dans la science appelée législation, de même, les lois que font entre eux les contractants doivent avoir leur source dans la loi positive, être en harmonie avec elle.

Aussi, d'une part, le notaire, après avoir expliqué la loi, en fait l'application ; et de l'autre, il est appelé à méditer sur des conventions que l'on veut régler par son intermédiaire.

Dans cette dernière hypothèse, il fait l'office de législateur ; il ajoute cette qualité à celle de magistrat, puisque, d'accord avec les parties, il crée et rédige lui-même la convention qui aura force de loi.

Mais le notaire n'est pas seulement le magistrat de la juridiction volontaire et le législateur des familles : il participe encore à l'administration de la fortune de ses clients ; il veille à l'exécution des conventions qu'ils ont souscrites, et il en prépare de nouvelles ; il veille surtout à ce que

des stipulations actuelles ne puissent être
une source d'embarras pour l'avenir, empêcher des dispositions de fortune que l'on
voudrait faire plus tard. Et c'est là un
grand point qu'il n'est pas permis de perdre
de vue un seul instant[1].

[1] Lorsque j'écrivais ces lignes, je ne savais pas que, déjà,
elles avaient reçu une application aussi directe que celle qui
résulte des faits que je vais consigner ici. Ils sont parvenus
à ma connaissance depuis très-peu de temps.

En l'année 1832, un contrat de mariage fut passé devant
notaire. Un des articles de ce contrat porte que :

« *En considération du mariage projeté, pour prouver
d'ailleurs à sa petite-fille tout l'attachement qu'il lui
porte et assurer d'autant plus son avenir, M. N*** déclare faire donation entre-vifs et irrévocable, avec* **DIS-
PENSE DE RAPPORT**, *à N***, sa petite-fille, qui l'ac-
cepte avec la plus profonde reconnaissance, de la pleine
propriété :*

» 1º *D'une somme de* 100,000 *fr. qu'il s'oblige de
payer à son domicile, aux futurs époux, sur leur quittance, sans caution, savoir* 20,000 *fr., etc ;*

» 2º *D'une rente de* 7,000 *fr. par an, exempte de retenue, au capital de* 140,000 *fr., remboursable à la
volonté du donateur. Cette rente perpétuelle, est-il dit,*

En effet, veut-on faire un emploi de
fonds, une mutation d'immeubles, établir

prendra cours en arrérages à partir seulement du décès
du donateur.

» *Le donateur oblige solidairement ses héritiers, autres
que sa petite-fille, au paiement et service de la rente
dont il s'agit; il y affecte tous ses biens et consent hy-
pothèque spéciale sur un tènement de maisons.... Sur
lequel immeuble il autorise qu'il soit pris inscription de
sûreté.* »

LE JOUR MÊME DE CE CONTRAT, ET PAR UN ACTE
SOUS SIGNATURES PRIVÉES, *M. N***, dont les conventions civiles du Mariage projeté entre lui et Mademoiselle** ont été arrêtées aujourd'hui, par acte passé devant
M*e ****, notaire à ****, RECONNAIT *d'honneur, et pour
rendre hommage à la vérité, qu'au moyen de la donation faite par M. N*** à sa petite-fille... il est bien entendu que cette dernière se trouve remplie de ce qu'elle
pouvait espérer dans la succession mobilière et immo-
bilière de M. N***;*

*Que si la renonciation à rien exiger en plus à l'ouver-
ture de ladite succession n'a pas été faite, c'est parce
qu'une pareille* RENONCIATION *est* DÉFENDUE *par l'article 791 du code civil;*

*Que M. N*** peut, sans blesser en rien la justice,
agir dans l'intérêt et pour l'avantage de son fils, ainsi
qu'il l'avisera bien....*

*Mademoiselle N***, pour rendre un semblable hom-*

ses enfants, disposer pour un temps où
l'on ne sera plus, c'est son notaire que

*mage à la vérité, s'empresse, pour valoir ce qu'il ap-
partiendra, de passer les mêmes déclarations et recon-
naissances.*

Il faut remarquer : 1° que la jeune personne qui passe
cette déclaration et cette reconnaissance est mineure, et
qu'elle n'avait, pour l'assister au contrat de mariage, que
le donateur lui-même, son aïeul ; 2° Que cette contre-lettre
est écrite de la main du notaire qui a reçu le contrat de
mariage ; 3° Et que ce contrat stipule le régime dotal avec
constitution de dot.

Eh bien ! plus tard, en 1834, *devant le même notaire,*
nouveau contrat de mariage entre le fils de M. N*** et la
sœur du jeune homme qui avait épousé la mineure, donataire sans charge de rapport.

« Par ce contrat, M. N*** père fait *donation entre-vifs*
et IRRÉVOCABLE , à son fils, de divers immeubles et
rentes. La valeur des objets donnés, d'après les indications
du contrat, peut être portée à 337,000 fr. L'entrée en
jouissance du donataire a été fixée au jour du contrat.

» Et il a été chargé de payer et acquitter, à compter du
jour où elle serait due, à Mademoiselle... (petite-fille du
donateur), la rente de 7,000 fr., au capitale de 140,000 fr.,
ci-dessus rappelée... aux termes et en exécution, est-il dit,
de la constitution contenue au contrat de mariage de ladite
dame, passé en minute en présence de témoins DEVANT
LE NOTAIRE SOUSSIGNÉ, le ..... 1832 (*seulement deux*

l'on consulte. Il connaît souvent mieux que nous-mêmes tout l'ensemble de nos

ans avant ce dernier contrat !!!) contenant sûreté par affectation hypothécaire, inscrite sur le grand tènement de maisons formant le premier article de la donation (contenue au second contrat).

» Cette donation entre-vifs est ainsi faite et acceptée **PAR PRÉCIPUT ET HORS PART**, *pour la portion disponible....* »

Ainsi, par un premier contrat, on donne avec dispense de rapport. Ce contrat est suivi d'une contre-lettre émanée d'une mineure, qui la souscrit sans l'assistance de personne ; contre-lettre signée par un homme sans droit pour agir pour ou contre les intérêts d'une femme qui lui est encore étrangère.

Tout ce qui est donné à la future épouse vaut.............. .... 240,000 fr.

Par un second contrat on donne à un fils une valeur de................. 330,000

Ensemble....... 570,000

C'était toute la fortune du donateur, **ON LE SAVAIT**, et il n'y avait aucune probabilité qu'il en pût posséder d'autre par la suite.

Il n'avait que deux enfants. La portion disponible était donc du tiers, ou...... 190,000 affaires d'intérêt et de famille; il est à portée de nous conseiller ce qui convient le mieux à nous et à nos proches.

Ainsi, il nous dira : Tel débiteur ne vaut rien; telle garantie n'est pas bonne, et il nous en expliquera la raison.

Les biens situés dans telle ou telle con-

Or, la donation résultant du premier contrat de mariage absorbait et au-delà cette portion disponible.

Comment donc a-t-on pu faire la seconde donation par préciput et hors part pour la portion disponible, alors qu'il n'y avait plus de portion disponible ? On pourrait répondre, en droit, que la portion disponible ne peut être connue d'une manière positive qu'au décès du donateur ; mais en bonne foi ?...

J'ajoute que le donateur *m'a dit* n'avoir pas bien compris l'importance de la première donation, modifiée en apparence par la contre-lettre, et avoir cru qu'il pouvait faire la seconde qui, dans sa pensée, devait recevoir une entière exécution.

Voilà des faits auxquels, *par discrétion*, je n'ajoute pas de réflexions. Par position, je me crois momentanément forcé au silence sur un foule de choses; mais, en lisant cette note avec attention, on peut tirer des conséquences et juger !....

trée ont gagné ou perdu en valeur vénale. .
Des changements ou améliorations projetés
font naître des chances de diminution ou
d'accroissement pour certains immeubles.
L'industrie se développe dans certains
quartiers d'une cité ; elle abandonne ses
anciens hôtes. De là, variation dans la
valeur vénale des propriétés urbaines...
D'après tout cela, on se décide à conclure
ou à rejeter l'opération que l'on est venu
soumettre aux lumières de son notaire,
et pour laquelle on a demandé les conseils affectueux de l'homme que l'on a
ainsi investi de toute sa confiance.

Lorsqu'il s'agit de l'établissement de ses
enfants, un père de famille obtient encore des renseignements importants chez
son notaire. Il en reçoit des avis et des
conseils sur le meilleur mode à employer
pour régler les intérêts matériels (influant

sur les relations morales) d'une union qui devra souvent aux soins qui l'auront précédée, d'être un bonheur privé ou un scandale social !

Enfin, la plupart du temps, c'est le notaire qui maintient cette égalité de partage établie dans les successions par la loi positive. C'est lui qui dirige une volonté affaiblie de manière à ce qu'elle soit toujours un objet de vénération et jamais une cause de discorde : il prévient ainsi à l'avance, il empêche de naître ces désastreuses haines de familles qui ont souvent amené de sanglantes catastrophes.

D'après cela, nous voyons que le notaire ajoute à sa double qualité de magistrat et de législateur des familles, celle non moins précieuse de conseil officieux et administrateur désintéressé, présidant au maintien et à l'accroissement des fortunes particulières, et, par suite, à la prospérité publique.

Voilà, Monsieur, la position du Notariat en France. Mais, pour rester fidèle au but de son institution, il faut que l'exercice en soit confié à des hommes qui agissent en connaissance de cause, et possèdent la triple qualité qui ressort de l'examen auquel nous venons de nous livrer.

Ainsi, il est indispensable que le notaire soit, comme le magistrat, doué d'un grand esprit d'observation, pour apprécier tous les faits principaux et leurs annexes soumis à son examen. Il a besoin d'une logique serrée, pour pouvoir tirer de ces faits toutes les déductions qui intéressent ses clients, pour abstraire ce qui résulte, comme utilité, de toutes les explications qui ont lieu devant lui. Il lui faut une dialectique claire et précise, pour donner lui-même des explications qui, en satisfaisant toutes les intelligences, parviennent à montrer les objets sous leur vrai jour, et à détruire les prétentions de la mauvaise foi. A lui de tenir la balance toujours égale sous le rapport de l'appréciation des faits.

Pour cela, il ne suffit pas seulement d'une grande sagacité, il faut encore posséder ce fond de moralité, cette science *déontologique* qui constitue le vrai magistrat. Il faut saisir tous les rapports des choses et des hommes entre eux, pour ne rien laisser passer inaperçu.

A cela il faut ajouter une connaissance parfaite de la législation, de la jurisprudence et du droit, pour être à même d'en appliquer les règles aux cas particuliers qui se présentent. Nous l'avons déjà dit, cette application, judicieusement faite, peut modifier ou changer tellement les dispositions des contractants, qu'elle leur évite tous les désagréments de procès longs et ruineux auxquels leurs premières intentions auraient donné naissance, en contrariant les dispositions, par eux méconnues, de lois qu'on ne peut pas impunément enfreindre.

Sous ce rapport, les notaires doivent donc être astreints aux mêmes études que les magistrats, mais non précisément de la même manière, ainsi que nous le verrons bientôt ; et même ils ne doivent pas ne posséder que les connaissances du magistrat.

Le rôle du notaire ne se borne pas seulement à entendre les parties contractantes sur leurs prétentions respectives, à les mettre d'accord sur leurs vrais intérêts, et à rédiger les conventions qui doivent en être la règle. Nous avons vu qu'il doit souvent lui-même présider à l'institution de ces mêmes conventions, les faire naître, pour ainsi dire, leur conserver la vie.

Sous ce rapport, il remplit l'office du législateur. Il faut donc qu'il en possède la science.

D'abord, pour bien entendre une loi, afin d'en pouvoir faire une juste application, il faut entrer dans les raisons qui ont déterminé le législateur qui l'a promulguée ; il faut en avoir une connaissance si approfondie, qu'on puisse se dire : J'aurais fait cette loi telle qu'elle existe. L'étude des lois sans l'étude de leurs motifs ne peut donner qu'une science pernicieuse.

De plus, la loi positive, qui est la limite de nos actions, nous laisse libres d'établir toutes les règles, toutes les limites particulières qui conviennent à nos intérêts ou à nos caprices, tant qu'elles ne dépasseront pas la grande limite fixée par le législateur, tant qu'elles se renfermeront dans la sphère d'activité qu'il a déterminée.

Pour bien apprécier une loi, avons-nous dit, il faut être en état de la faire, c'est-à-dire qu'il faut pouvoir juger si elle est conséquente avec les lois naturelles; si elle est une abstraction, une déduction logique sanctionnée par la science législative.

Cette science est la grande sphère d'activité où roulent toutes les actions que peuvent régler les lois positives.

Si ces lois établissaient des règles ou permettaient de se livrer à des actes qui fussent en contradiction avec les lois établies par le créateur, elles nous meneraient à notre destruction, tandis que leur but est de nous conserver.

Et, de même, si nous établissions des

lois arbitraires, en contradiction avec la loi positive, elles viendraient nécessairement se briser contre une limite qu'il ne leur est pas donné de pouvoir franchir.

Si les lois de la nature sont le guide du législateur chargé de promulguer les lois positives, à leur tour, les lois positives sont le guide de ceux qui veulent régler les cas particuliers que les dispositions de la loi positive n'atteignent pas. Encore une fois, il nous semble démontré que l'opération est la même dans les deux cas ; qu'ainsi les mêmes qualités sont absolument nécessaires... Il faut même que le législateur des conventions arbitraires possède un esprit de détail, une science d'application journalière dont l'autre peut se passer.

Rappelons encore que la mission du notaire est souvent d'établir l'harmonie entre toutes les spéculations d'intérêt de ses clients, et les conventions et les lois qui en sont la règle. Partant, il est indispensable qu'il ait une connaissance parfaite des localités, des mœurs et des habitudes de sa contrée ; qu'il sache ce qui peut nuire ou profiter dans telle ou telle occurrence. Il faut donc qu'il possède à fond l'économie sociale, au moins quant à un certain espace.

Les bonnes lois sont les gardiennes des mœurs, de la vertu, de la prospérité publique[1]. Il faut en dire autant des spéculations bien entendues et des conventions bien rédigées. Il est donc indispensable qu'une bonne direction soit imprimée à

[1] Les lois et les arrêts sont les plus fermes appuis de l'ordre social. Quand la voix du législateur et celle du magistrat cessent d'être écoutées, il n'y a plus que trouble et anarchie dans la société.

(M. DUPIN aîné, *président de la chambre des députés.*)

toutes les actions humaines. Or, qui la donnera ? Evidemment ceux qui en auront acquis le droit, par les études qu'ils auront faites, par la science économique, morale, sociale, qu'ils auront acquise.

Les mots nous font croire aux choses. Depuis long-temps et jadis, à juste titre, les notaires ont joui de la considération qui s'attache aux hommes de probité et de savoir. On a contracté l'habitude d'aller chercher des lumières et des conseils de sagesse auprès de ceux qui semblent en possession de les dispenser. Mais a-t-on toujours rencontré juste ? a-t-on même souvent rencontré juste ? Ce n'est pas là la question. Ce qu'il faut, c'est qu'à l'avenir cette partie de l'organisation sociale soit aussi un bienfait social, sans quoi elle serait un véritable fléau qui amenerait tous les désastres que de nombreuses catastrophes ont déjà signalés.

D'après tout ce que nous venons de voir, il est évident que la science et la moralité, qui sont tout un, sont indispensables à la vie du Notariat. Des exemples terribles de ce que peuvent l'ignorance et l'improbité chez les notaires sont encore récents. Puisqu'ils ont eu leur source dans un mal qui nous est connu, et que la science et la moralité doivent protéger désormais l'institution des notaires contre de nouvelles catastrophes, voyons quels moyens il convient d'employer pour obtenir d'heureux résultats.

C'est ici le véritable point de la question; c'est ici que j'ose appeler de nouveau toute votre attention.

La destinée intellectuelle des hommes dépend ordinairement des premiers pas qu'ils font. Il importe donc d'imprimer à l'intelligence humaine une bonne direction ; de lui donner un guide assuré pour la tenir dans la voie régulière du perfectionnement et surtout pour lui faciliter le travail.

Eh bien ! des *Cours publics* où l'on enseignerait méthodiquement tout ce qu'il faut savoir pour bien exercer telle ou telle profession , devraient être établis à la portée de ceux qui se destinent à cette profession.

Ces cours , appliqués au Notariat, auraient pour but et pour avantage de donner aux jeunes gens des connaissances théoriques et pratiques dont ils profiteraient beaucoup.

Ils étudieraient sur les lieux, sous les yeux de leurs concitoyens et dirigés par un professeur exerçant les mêmes fonctions

que leurs patrons, sous la surveillance immédiate desquels ils sont toujours placés.

Dans ces enseignements, on expliquerait
aux élèves les raisons de ce qu'ils voient
pratiquer chaque jour.

Ils n'agiraient plus en aveugles , sans
réflexion. Toutes les actions du Notariat
seraient analysées devant eux dans les plus
minces détails.

Le rôle du professeur serait d'autant
plus important qu'il devrait mettre en pratique cette maxime de M. de Gérando :
« Qu'il vaut mieux aider les élèves à bien
étudier, que de leur donner des études
toutes faites. »

Une fois que, dans les cours publics
dont je demande l'institution, une bonne
méthode serait adoptée, par un travail soutenu et à l'aide des enseignements, tant
du professeur que des faits et des circon-

stances, les jeunes gens acquerraient une habitude de produire avec facilité, promptitude et logique.

Voyant journellement traiter les affaires, rédiger les conventions des particuliers, ils pourraient travailler sur une masse de connaissances acquises, sur une provision déjà faite : ce serait matière à d'utiles réflexions. Tout contrat, ainsi expliqué avec beaucoup de fruit, dans sa cause comme dans ses conséquences, la pratique devenue toute familière, conduirait naturellement à une bonne théorie qui ne coûterait rien à acquérir.

Dans chaque localité, il se traite des affaires, il se rencontre des questions qui, par leur importance, font époque. C'est un enseignement, pour ainsi dire, matériel. Ce sont des faits principaux autour desquels viennent se grouper tous leurs

analogues. Ces questions importantes four-
nissent un premier faisceau d'idées auquel
on peut rattacher toutes les acquisitions
nouvelles. Là, tout est profit pour l'instruction et l'éducation. A côté d'une règle
énoncée, on en peut démontrer l'application, en rappelant que tel fait, tel acci-
dent, a été soumis à la règle indiquée.

Et, dans les localités particulières, toujours des fortunes s'élèvent ou croulent.
On cherche les raisons de l'élévation comme
des chutes, qui tiennent souvent à des conventions bien ou mal arrêtées, ce qui est
dans le domaine du droit, et presque toujours à une bonne ou mauvaise administration, qui peut étre donnée pour modèle
ou objet de méditations, comme enseignement de morale et d'économie sociale.

Quand on étudie sur les lieux, on est à
l'abri de ces utopies purement spéculatives

qui ne trouvent jamais d'application ; on fait de la pratique en présence des faits ; on règle des conventions dont l'exécution immédiate met à même de les apprécier à leur juste valeur. On s'élève ainsi de la pratique à la théorie qui vient éclairer de son flambeau des idées obscures ; et, plus tard , comme complément d'éducation , comme vaste développement d'intelligence, comme moyen d'une rapide conception et d'une prompte mise en œuvre, en partant des hautes régions de la synthèse, on embrasse d'un seul coup-d'œil tout un ensemble de faits, et on descend promptement de la masse des idées aux détails pratiques. Ainsi envisagés, les cours publics de Notariat, bien organisés , pourraient devenir de véritables écoles d'application.

Les examens publics auxquels seraient astreints les élèves, offriraient, pour l'avenir, quant à la capacité des notaires, de bien rassurantes garanties aux personnes forcément obligées de s'adresser à ces fonctionnaires, pour faire constater leurs conventions ou régler des intérêts de la plus haute importance. Ces garanties n'existent pas aujourd'hui. Elles sont vivement réclamées de toutes parts, et appelées par la force des événements dont chacun de nous a été témoin. Et même leur existence a été supposée, en quelque sorte, par M. Dupin aîné, lorsqu'il s'exprimait ainsi : « Toutes » les précautions sont prises pour s'assurer » que les successeurs présentés réunissent » toutes les qualités exigées par les lois ; » ainsi, il faut avoir étudié dans les *écoles* " *de droit*, avoir fait plusieurs années de » stage chez un notaire ; il faut avoir subi » un examen devant la chambre, etc [1]. »

1 Comité secret du 24 avril 1829.

J'ajouterai que ces garanties, que l'on croyait pouvoir supposer dans le stage et dans les examens devant les chambres de discipline, auxquels sont soumis les aspirants au Notariat, sont ou peuvent être souvent illusoires. Car, pour ce qui est du stage, je le demande, les certificats de complaisance sont-ils impossibles et sans exemple? Et, quant aux examens, je pourrais citer tel notaire qui a été reçu sans qu'on lui ait adressé une seule question. Et, d'ailleurs, ces examens, lorsqu'ils témoignent de la faiblesse des candidats, servent merveilleusement à flatter la supériorité et à rassurer la susceptibilité des examinateurs.

Il est certain que ni le stage, ni les examens dont il est ici question, ne sont pas ou peuvent n'être pas des garanties telles que la loi a voulu les offrir.

M. le conseiller-d'état Réal s'exprimait ainsi, en exposant les motifs du projet de la loi organisatrice du Notariat : « Sans » doute qu'à la probabilité imposante que » procure le stage, on ajoutera d'autres » garanties, lorsque les écoles de droit » seront rétablies, et qu'on exigera sur- » tout du candidat qui se destinera aux » places de 1re classe quelques-unes des » preuves d'étude et de savoir qui seront » demandées à ceux qui devront remplir » les autres fonctions judiciaires. »

Eh bien ! voilà une promesse qui n'a jamais été réalisée.

Plusieurs fois, on a agité la question de savoir si l'on ne devrait pas astreindre les notaires aux mêmes études que les avocats. Quant à moi, je demeure convaincu d'abord que ce n'est pas nécessaire, et, de plus, que cela aurait de graves inconvénients : ce serait d'ailleurs impraticable.

En effet, dans quel but obligerait-on les aspirants au Notariat à obtenir des diplômes de licenciés en droit? Pour s'assurer qu'ils connaissent le droit. Eh bien! n'est-il pas d'expérience qu'en sortant des écoles de droit, on sait peu de droit? Le droit, pour être étudié avec fruit, demande beaucoup de travail, joint à des capacités développées. Or, je le demande, est-ce à l'âge de dix-huit ou vingt ans que l'on peut comprendre la philosophie du droit ? Est-ce à cet âge que l'on peut bien entrer dans la pensée d'hommes qui ont médité toute leur vie sur les hautes vérités de la législation, qui, plusieurs fois, ont eux-mêmes changé d'opinion sur certaines questions importantes? Cela est-il possible, surtout alors qu'au milieu de distractions nombreuses, on n'a pas même une idée première pour y rattacher des acquisitions nouvelles ? Je ne le crois pas.

J'admets que quelques jeunes gens, privilégiés sous le rapport de l'intelligence, soient à même de suivre avec fruit les enseignements spéculatifs du professeur, qu'ils puissent le suivre dans toutes ses théories, admettre, après mûr examen, les principes qu'il a posés, et en déduire des conséquences : certes, c'est accorder beaucoup. Eh bien! ce ne sera toujours que de la théorie sans application, de la théorie inapplicable avant un certain temps d'études, temps assez long. Pour appuyer cette opinion, permettez-moi de vous rappeler ce que rapporte M. Massé, auteur de l'ouvrage intitulé : *Le Parfait Notaire* : « J'ai entendu un de nos plus » savants jurisconsultes convenir qu'il » saurait très-bien juger un acte, mais

» non le faire; qu'il lui serait facile de
» voir en quoi un acte est conforme à ce
» que les lois prescrivent ou permettent,
» en quoi il est contraire à ce qu'elles
» ordonnent ou défendent; mais qu'il lui
» serait difficile de penser, en le rédi-
» geant, à tout ce que les notaires exercés
» ont coutume d'y prévoir. L'auteur du
» commentaire sur la loi des douze ta-
» bles, le professeur Bouchaud, qu'on
» n'accusera pas sans doute d'ignorance
» et d'incapacité, voulut un jour essayer
» de rédiger une requête dans une af-
» faire qui lui était personnelle. Après
» quelques efforts infructueux, il y re-
» nonça, et laissa à son procureur le soin
» de la rédaction. »

L'étude du droit appliquée au Notariat,
serait donc remplacée avec un immense
avantage par les cours de Notariat, dans

lesquels la pratique et la théorie s'éclaire-
raient, se soutiendraient l'une l'autre, et
porteraient ainsi beaucoup de fruit pour
les jeunes gens, si ces cours étaient organisés sur un bon plan.

L'idée de vouloir astreindre les aspirants au Notariat à prendre une licence
en droit me paraît impraticable, en ce
qu'elle aurait pour objet de forcer tous
les jeunes gens qui se destinent à cette
profession à quitter, pendant trois ans,
leurs familles et leurs localités pour se
réunir dans le petit nombre d'écoles de
droit qui existent en France. Ces déplace-
ments occasioneraient des dépenses auxquelles beaucoup de ces jeunes gens ne
pourraient pas faire face, privés des ressources que leur eût offertes un travail
auquel ils se fussent livrés, tout en pre-

nant leurs grades, comme étudiants en Notariat.

Ce serait encore forcer des parents à abandonner ces jeunes gens à leur propre direction, éloignés de leurs familles, privés de toute surveillance et voués à une oisiveté presque forcée pour toutes les heures passées hors des écoles. D'un autre côté, si tous les jeunes gens affluaient ainsi aux écoles de droit, il en résulterait que le service des études des villes ou localités où il n'y aurait pas d'écoles de droit, serait impossible.

Et ces étudiants, qui ne pourraient faire marcher concurremment le stage et l'éducation [1], rentreraient, à 22 ou 23 ans, dans leurs localités, pour commencer l'étude

____

[1] Il n'y aurait pas assez de places dans les études des grandes villes.

d'une profession à laquelle on peut atteindre dès l'âge de vingt-cinq ans. Cela
rendrait inconciliables le stage obligé et la
faculté de pouvoir s'établir à l'âge fixé par
la loi , puisque les conditions imposées ne
seraient pas accomplies avant un âge beaucoup plus avancé.

Dira-t-on qu'on abrégerait le stage ?
Demandons aux notaires de Paris ce qui se
passe dans le Notariat de cette ville. On y
entre souvent après avoir fait son droit,
après avoir été maître-clerc chez l'avoué;
et pourtant on n'est capable d'occuper
une place de principal clerc qu'après trois
ou quatre ans d'un travail assidu dans les
études de notaires. Cela prouve que si,
en toutes choses, la pratique est nécessaire,
c'est surtout dans le Notariat qu'elle est
indispensable , difficile et assurément jamais assez longue.

Oui, ce sont des cours publics de Notariat, des enseignements pratiques, que,
de toutes parts, on sollicite et on attend
avec impatience. C'est en instituant ces
cours qui formeraient des sujets instruits
et habitués aux idées de moralité, qu'on
remplira la lacune qui existe dans l'instruction publique à l'égard du Notariat; et ce
n'est point par des cours où l'on apprend
des règles qui, chaque jour, perdent de
leur valeur, parce qu'elles manquent d'actualité. Je ne crois pas que la raison écrite
soit dans le droit romain; je préfère qu'on
la cherche dans la législation. En cela, je
m'appuie encore sur des autorités imposantes, ce me semble.

Ainsi, Montesquieu s'étonne qu'un
royaume, le plus ancien et le plus puissant de l'Europe, soit gouverné depuis

plus de dix siècles par des lois qui ne sont
pas faites pour lui.

Mirabeau s'écrie : « Peut-être est-il temps
» que les Français ne soient pas plus les
» écoliers de Rome ancienne que de Rome
» moderne; qu'ils aient des lois civiles
» faites pour eux, comme ils ont des lois
» politiques qui leur sont propres; que
» tout se ressente, dans leur législation,
» des principes de la sagesse, non de pré-
» jugés de l'habitude; enfin qu'ils donnent
» eux-mêmes l'exemple et ne reçoivent la
» loi que de la raison et de la nature. »

Déjà, dans ses *Lettres de cachet*, en se
plaignant de ce que nos lois fussent si
multipliées, si variées, si confuses, si con-
tradictoires, si hors de la portée de presque tous les citoyens, Mirabeau, à propos

du droit romain, s'était ainsi exprimé :

« Ce droit romain qui nous régit en
» partie, ce droit, quelquefois si absurde,
» souvent si cruel, plus souvent si favo-
» rable à la tyrannie...¹ »

Jérémie Bentham, avec cette énergie qui
le caractérise, dit : « Si, en matière légale,
» tout le troupeau des écrivains vulgaires
» s'attache plutôt à rechercher *ce qui a été*

---

¹ Un mérite remarquable et rare dans un jurisconsulte
français, c'est le goût presque exclusif du droit national et
coutumier, par opposition au droit romain. **Pasquier**
(Etienne) indique fort bien comment l'esprit d'une législation émanée d'un pouvoir absolu et qui n'admettait ni contradiction, ni consultation, est contraire au caractère de la
monarchie française. Il insiste beaucoup sur ce que le droit
romain, tel qu'on l'enseignait, se composait bien plus des
opinions des jurisconsultes romains que des lois textuelles
et authentiques. Bref, il y voit *un guide qui doit être suivi
avec méfiance*, mais **jamais une autorité positive**.
(M. DE BARANTE, *Mélanges historiques et littéraires*).

» ou ce qui *est* que ce qui *doit être*, il n'y
» a là rien qui doive étonner; c'est dans
» la pratique et non dans la philosophie
» de la loi qu'ils puisent leurs bénéfices. »

Enfin, M. Ch. Comte (*Traité de la Propriété*) voudrait que, dans nos écoles, l'étude du droit fût plus philosophique. Il regrette que l'on ait long-temps puisé ses raisons de décider dans les motifs du droit romain.

Il ajoute : « Si l'on mettait dans l'étude
» et dans l'enseignement du droit plus de
» logique et surtout de méthode qu'on y
» en met ordinairement, on verrait que,
» pour bien résoudre les questions qui se
» présentent sur chaque sujet, il suffit de
» connaître un petit nombre de principes. »

Tous ces motifs me portent à croire que

la proposition dont il s'agit doit être appuyée par toute personne qui l'aura bien méditée. Cette proposition n'est d'ailleurs que l'expression d'un besoin social. J'en ai acquis la preuve en maintes circonstances ; et je joins à cet envoi les copies et extraits, en manuscrits, de vingt-trois lettres qui m'ont été écrites à l'occasion des *Cours de Notariat*, par des personnes qui désirent ardemment de voir enfin *établir légalement* ce genre d'instruction et d'éducation notariale [1].

[1] MM. Monvoisin, notaire, à Cusset (Allier); Violet, notaire, à Pont Saint-Esprit (Gard); Landrin, principal clerc d e notaire, à la Fère ; Sericys, notaire, à Aurillac; Baclé, principal clerc de notaire, à Gisors; Pelletier, notaire, à Orléans; Courbet, notaire, à Gray (Haute-Saône) ; Lallié, notaire, à Nantes ; Noël, notaire honoraire, avocat, à Nancy; Poinsel, notaire, à Chaumont (Haute-Marne); Delacodre, notaire, à Caen; Mme veuve Desrousseau-Jéronne, à Fumay; MM. Leménagé, clerc de notaire, à Boucé (Orne) ; Alphonse Caudron, au Nouvion (Aisne); Dufresne, ancien notaire, greffier, à Argentan ; et autres personnes.

Déjà un projet de loi a été publié dans le *Journal de la Jurisprudence du Notariat*[1]. Je le joins ici comme complément de ma lettre.

J'ai l'honneur d'être, avec une haute considération,

Monsieur,

Votre très-dévoué serviteur,

H. CELLIER,

Notaire à Rouen.

Janvier 1835.

[1] 6e Cahier, juin 1834.

APPENDICE.

ECOLES NOTARIALES.

Il nous a été adressé sur cette matière plusieurs dissertations, qui contiennent des vues utiles, en même temps qu'elles attestent le zèle et le talent de leurs rédacteurs. Nous nous serions empressés d'en présenter l'analyse, si toutes les observations qu'elles contiennent ne se trouvaient comme résumées dans un travail qu'a bien voulu nous communiquer depuis long-temps un honorable professeur de Notariat, M. Cellier, notaire à Rouen, qui, à l'expérience que lui donne une pratique déjà assez longue, joint des connaissances théoriques fort étendues sur le Notariat. Voici ce travail :

.   .   .   .

PROJET DE LOI.

CONTENANT ORGANISATION DES ÉCOLES DE NOTARIAT.

CHAPITRE 1er.

Etablissement des écoles de Notariat, et objet de l'enseignement.

Art. 1er. Il sera établi à partir du   une école de Notariat dans chaque chef-lieu de cour royale

2. On y enseignera aux jeunes gens qui se destinent à la profession de notaire :

1° La loi de l'an XI, organisatrice du Notariat, les lois relatives au timbre et à l'enregistrement ;

2° Le droit civil, le droit commercial, le droit criminel, et en général la législation dans ses rapports avec le Notariat ;

3° La rédaction des actes des notaires, etc. ;

3. Le cours sera divisé en trois parties correspondantes aux matières ci-dessus. Sa durée est fixée à deux ans.

CHAP. II.

Organisation et administration des écoles de Notariat.

4. Il y aura un professeur pour chaque école.

Il sera nommé par le ministre de l'instruction publique, et pris parmi les notaires en exercice ou anciens notaires.

5. En cas d'empêchement momentané du professeur, il lui sera nommé, par le recteur de l'académie, un suppléant qui sera pris dans la même classe de personnes.

6. Les fonctions du professeur sont révocables.

7. Le professeur recevra un traitement fixe de 1,200 francs par an. Il aura de plus une indemnité dont le montant sera déterminé par le ministre de l'instruction publique, sur le produit des inscriptions, examens, certificats et diplômes des étudiants.

8. Le traitement et l'indemnité ci-dessus seront at·
tribués au suppléant pendant le temps de son exercice.

9. Ces traitements seront pris sur les produits dont
il sera parlé au chapitre iv, ci-après.

10. Il y aura un secrétaire de l'école du Notariat,
lequel sera, en même temps, caissier et gardien des ar-
chives de l'école.

Ce secrétaire sera nommé par le professeur et révo-
cable par lui. Sa nomination sera approuvée par le
recteur de l'académie.

Il recevra un traitement de 600 francs par an.

11. Les écoles de Notariat seront sous la surveillance
du recteur de l'académie.

12. Le local de l'école sera pris, autant que possible,
dans un bâtiment national ou communal.

Dans le cas contraire, le loyer sera compris dans les
dépenses de l'école.

CHAP. III.

Inscriptions, examens, certificats et diplômes.

13. Les élèves devront se faire inscrire sur un registre, qui sera tenu sous la surveillance du professeur,
par le secrétaire de l'école.

14. Pour être admis à l'inscription, il faudra être âgé
de dix-huit ans accomplis, et avoir fait une année de
stage chez un notaire.

15. Il y aura deux leçons au moins par semaine, de
une heure chacune.

Les leçons seront publiques.

16. A la fin de chacune des deux premières parties du cours, le professeur fera subir à chaque élève un examen public.

Le recteur de l'académie, s'il le juge convenable, et trois notaires désignés par la chambre de discipline des notaires du chef-lieu de l'école, concourront à cet examen.

La délibération aura lieu par scrutin secret et avec des boules noires et blanches. Le président aura voix prépondérante en cas de partage.

Il sera délivré à chaque élève un certificat d'examen, si la délibération lui est favorable.

17. S'il n'y a pas lieu de délivrer le certificat ci-dessus mentionné, l'inscription continuera jusqu'à la fin du cours.

18. Avant la clôture du cours, chaque élève subira un dernier examen, et si la délibération lui est favorable, il lui sera délivré un *diplôme d'aspirant au Notariat*.

Ceux des élèves qui n'auraient point obtenu les deux certificats d'examen pourront néanmoins obtenir le diplôme, en subissant un examen sur toutes les parties du cours.

19. Les certificats d'examen et le diplôme seront délivrés par le professeur; ils seront visés par le recteur de l'académie.

CHAP. IV.

Frais d'inscriptions, examens, certificats et di-
plômes ; leur emploi.

20. Les frais d'inscription sont fixés à 20 francs pour chaque partie du cours ;

Les frais des deux certificats d'examen à 20 francs chacun ;

Ceux du diplôme à 50 francs.

21. Tous les frais ci-dessus seront payés d'avance entre les mains du secrétaire de l'école.

22. Le produit des mêmes frais sera employé : 1° au traitement du professeur et du secrétaire ; 2° aux dépenses de loyer du local où se tiendra le cours et aux autres dépenses de l'école.

Le surplus sera mis à la disposition du ministre de l'instruction publique, pour être employé, sur son autorisation , à des dépenses nécessaires ou utiles aux écoles du Notariat.

23. Le secrétaire présentera, après l'expiration de chacune des parties du cours , le compte des recettes et dépenses. Ce compte sera adressé par l'intermédiaire du recteur de l'académie au ministre de l'instruction publique.

Nota. Il pourrait être nommé un inspecteur-général des écoles notariales.

D'après ce projet, les écoles de Notariat ne coûteraient rien au trésor public; au contraire, ces cours rapporteraient bien au gouvernement cent mille francs par an, qui pourraient être employés en améliorations du Notariat...

COURS PUBLIC

DE

NOTARIAT,

OUVERT A ROUEN , LE 12 MAI 1833.

ANALYSE [1]

DU

COURS DE NOTARIAT,

PROFESSÉ A ROUEN

PAR M. CELLIER, NOTAIRE.

Première Séance.

VUES GÉNÉRALES.

Toutes les actions humaines sont sou-
mises aux lois, soit naturelles, soit positives; et, pour être bonnes, celles-ci doivent

---

[1] Pour justifier ce titre, il faut dire que chaque leçon
était improvisée.

être conséquentes à celles-là : c'est une condition de leur existence et de leur exécution; c'est là ce qui constitue la législation, science beaucoup trop négligée de nos jours, et qu'il est pourtant si important d'étudier, car c'est elle qui nous indique les règles à suivre pour tous les actes de la vie sociale.

Une loi positive organise le Notariat. Elle exige, de la part de ceux qui se destinent à cette profession, l'accomplissement de diverses conditions. Au nombre de ces conditions se trouve l'obligation imposée à l'aspirant de fournir un certificat de *moralité* et de *capacité*.

Mais ce mot de *moralité* n'est qu'une idée abstraite qui indique pour sa source celle de morale. Il y a donc une morale notariale? Eh! oui, sans doute, car la mo-ale est de mise partout. Elle doit principalement se rencontrer dans une profession qui doit son existence aux mœurs, et qu'à son tour elle est appelée à régler.

Et par *capacité*, on entend la science que doit posséder le notaire. Mais la science du Notariat renferme *théorie* et *pratique*.

Sans la théorie, dont l'objet est de remonter aux causes primitives, il serait impossible de se rendre compte de l'importance et des conséquences éloignées d'aucune stipulation instituée dans le but de régler les intérêts et le sort des familles. Sans la théorie, comment embrasser cet ensemble de causes et d'effets qui donnent naissance à chaque fait particulier qui devient l'objet d'une stipulation? Et, ne nous y trompons pas, dans l'ensemble des choses qui constituent notre univers, rien n'y peut être isolé : tout fait, toute action, toute idée a des points de contact beaucoup plus nombreux qu'on ne se l'imagine; et c'est pour ne les pas connaître tous qu'on établit généralement des règles incomplètes ou fausses.

La théorie est donc la science des causes, la science proprement dite : son objet est d'éclairer la pratique, qui est la mise en œuvre, l'application, à un cas donné, des idées générales acquises.

Sans cette application, presque toutes ces idées resteraient vagues et incertaines. Car la théorie n'est qu'une demi-science, dont la pratique est le complément, puisqu'elle fixe, pour ainsi dire, celles des idées spéculatives qui peuvent être appropriées à la satisfaction de nos besoins.

Ainsi, la pratique régularise la théorie, et, en bonne logique, elle doit la suivre et non la précéder. Pourtant il arrive le plus souvent qu'on va de la pratique à la théorie.

Mais alors on marche dans l'incertitude, parce que l'on ne peut rattacher à rien de positif des idées pratiques qui ne sont que des résultats dont la cause reste inconnue.

Puisque la théorie éclaire la pratique, et que celle-ci régularise la théorie, il faut donc constamment marcher à l'aide et de l'une et de l'autre, autrement dit, employer alternativement les méthodes synthétique et analytique, qui consistent à descendre des causes aux effets, et à remonter des effets aux causes. En toutes choses, ces deux opérations sont indispensables; elles se vérifient, s'éclairent et se soutiennent l'une par l'autre. Sans l'emploi de ces deux méthodes, on peut tenir pour certain qu'il n'y a qu'erreur et incertitude.

Or, d'après ce que nous venons de voir, c'est la loi de l'an xi qui trace elle-même le programme de ce cours, et le Notariat peut se résumer dans un seul mot, celui de philosophie ou science-mère des anciens.

En effet, puisqu'il y a morale, théorie et pratique, il y a philosophie... qui est tout ensemble et une science et un art. Car, ainsi que le dit M. de Gérando, comme science, son premier objet est l'étude de l'homme lui-même, de sa nature morale et intellectuelle : car l'homme est nécessairement pour lui-même le centre de toute lumière et le point de départ de toute étude ; et, comme art, elle a pour objet l'application des vérités qu'elle a obtenues par ce premier ordre de recherches, l'éducation et l'exercice des deux ordres de nos facultés ; elle est la législatrice de l'entendement et de la volonté : ainsi la philosophie a été la première des sciences et le premier des arts.

C'est donc un *cours de la philosophie du notariat* qu'il s'agit d'établir, c'est-à-

dire un cours *théorique*, *pratique* et *moral* : *théorique*, parce qu'il aura pour but
de remonter aux causes primitives; *pratique*, parce qu'il résumera dans des formules ou textes le résultat de ces premières
recherches, et qu'il tendra à faire l'application des idées générales aux cas particuliers qui se présenteront à régler; *moral*,
en ce qu'il démontrera les conséquences
de chaque stipulation, soit quant aux parties qui y sont directement intéressées, soit
quant à la société en général : en un mot,
cette dernière partie devra faire sentir l'influence bonne ou mauvaise que peuvent
exercer les conventions des particuliers, et
même les lois qui les permettent, les au-
torisent ou les exigent; ce qui rentre dans
l'examen de l'influence des mœurs sur les
lois et des lois sur les mœurs, question tout
récemment traitée avec un rare talent.

Ils sont passés, ces temps où les mots de vertu, de morale, de philosophie, faisaient une impression fâcheuse sur ceux qui les entendaient prononcer : notre siècle s'éclaire, et par conséquent s'améliore.

Mais, quoi qu'il en soit, ce mot de philosophie a été tant de fois mal entendu, ridiculisé, objet de plaisanteries si niaises, qu'il est bon de lui rendre sa signification première, de fixer l'acception qu'il doit avoir parmi nous. Or, comme les anciens, nous entendrons par *philosophie* la recherche de la vérité au moyen de cette double opération que je signalais tout-à-l'heure, et qui consiste à remonter des effets aux causes, et à descendre des causes aux effets. Ainsi entendu, il deviendra synonyme de *science ;* et cette dernière ne sera point étrangère à notre sujet, puisque l'on est bien d'accord que le Notariat aussi doit avoir sa science.

Mais la science du Notariat n'est elle-même qu'une division de la science en général ; et, pour connaître cette division, il est utile de jeter un coup-d'œil sur l'ensemble : pour cela, quelques réflexions suffiront ; pardonnez-les-moi, mais je les crois indispensables, si plus tard nous voulons creuser jusqu'au fond de notre sujet.

Toute science a pour objet l'homme. C'est toujours à lui que se rapporte en définitive tout ce qui fait le sujet de ses méditations : centre et circonférence, point de départ et point d'arrivée, l'homme est tout pour lui. Ce premier point une fois bien fixé , il nous sera extrêmement facile de simplifier des idées qui, au premier aperçu, semblent inextricables : car, si toute

— 108 —

science a pour objet l'homme, elle se rap-
portera nécessairement à chacune de ses
parties constituantes, et ce sera la division opérée à l'égard de l'homme qui tracera le cadre de toutes les sciences. Or, je
tiens pour certain que l'homme est composé de matière, autrement dit substance,
qui forme la consistance des corps ; mouvement qui, considéré comme effet, présentera cette série d'impressions et d'actions irréfléchies qui constituent la vie
sensitive ; intelligence et ame, dont l'exercice tend sans cesse à l'élever de plus en
plus vers une fin céleste, ce qui constitue
la vie contemplative.

Eh bien ! comme l'organisation de
l'homme, la science se divisera en science
de la matière, science de la vie sensitive et
de la vie comtemplative.

I. La science de la matière sera bien bornée. On peut la considérer à-peu-près comme étant simplement la mécanique pure, la géométrie naturelle; je veux dire les mouvements que fera l'homme dans le premier exercice de ses membres, et les figures qu'il tracera en se transportant d'un lieu à un autre...

II. Les sciences qui se rapportent à la vie sensitive sont celles qui ont pour objet de régler l'exercice de notre vie d'action et vie de sensation. Elles tendent à multiplier nos impressions et nos mouvements, à user la vie. Dans cette section, je rangerai la musique, les beaux-arts, la poésie. En effet, la musique n'est autre chose que le son réglé d'une certaine manière; la peinture, que la reproduction d'objets qui nous ont frappés. Or, l'enfant chante, et il crayonne tout ce qu'il peut imiter, avant d'exercer son intelligence, c'est-à-dire avant de pouvoir réfléchir. Enfin la poésie rhythmée n'est qu'une musique et une peinture écrites. Tout cela tient principalement à la mobilité des nerfs infiniment plus grande dans le premier âge, soit à cause de la facilité à faire ce genre de production, soit à cause de la grande influence qu'elle peut en recevoir. Aussi, lorsque les effets en sont poussés à l'extrême, il en résulte ou une mort prématurée, ou une aliénation mentale, ce qu'établit le passage suivant :

« Il y a des bruits de mort et des accords de vie. Si l'on possédait la mélodie de la nature, on tuerait et l'on ressusciterait les êtres !... Les sons harmoniques, les proportions, les mesures cadencées se rapportent naturellement à l'action de

notre *principe de vie....* Les secousses
continuelles qu'éprouvent les musiciens
rendent leur caractère plus impétueux,
les animent, dans la composition, d'une
ardeur fiévreuse, et consument plus promptement leur vie... Et l'on voit le tumulte
dissonnant des émeutes populaires échauf-
fer à outrance les *passions* furieuses,
rendre les *âmes bestiales*, et les plonger
dans des barbaries atroces... »

C'est ainsi que s'exprime M. Virey dans
son *Art de perfectionner l'homme*[1], ouvrage qui mérite d'être lu avec une attention toute particulière. J'ajouterai un
seul mot : c'est que, des observations qui
précèdent, on voit clairement qu'il s'agit
seulement de la vie organique, et qu'ici
l'intelligence, l'ame, n'a point de rôle à
jouer. C'est, au surplus, ce que démontre

[1] Tome II, 2ᵉ partie, chap. 1ᵉʳ et suivants.

parfaitement la suite du même ouvrage.

Il est tout simple qu'un exercice forcé détruise l'objet qui y est soumis ; et plus on exercera la sensibilité, plus on fera une dépense considérable du principe de la vie.

Mais si l'organisation peut résister à ces causes de destruction, il en résultera que la vie d'action, que la vie physique ou sensitive, acquerra un grand développement, et déterminera la *folie*, qui n'est autre chose que la *domination de cette vie sensitive sur l'intelligence.*

Que l'on fasse le tableau de tous les artistes et des poètes les plus célèbres : on verra que presque tous sont morts jeunes ou n'ont pas atteint un âge très-avancé. C'est que la vie de passion tue, quand elle ne rend pas fou ; cela se conçoit, à cause de la lutte qui existe entre cette vie et la vie d'intelligence qui réclame aussi ses droits.

Rousseau nous en fournit un exemple. Il nous apprend lui-même qu'avec un tempérament ardent, des passions vives et impétueuses, il avait des idées lentes à naître, embarrassées, et qui se présentaient toujours après coup. Cela est tout simple : toute sensation trop profonde paralyse les facultés intellectuelles, et quelquefois, en s'amortissant, elle nous laisse pour réveil une espèce d'hallucination; ou bien, à ce silence morne, succède une volubilité, un flux intarissable de paroles souvent incohérentes : on devient fou ou à-peu-près; on ne peut retenir l'expression de toutes les pensées qui se présentent en foule, et on les communique sans ordre ni suite, parce que la volonté n'est plus là pour faire son office de régulatrice; en un mot, on n'est plus maître chez soi. Si cet état est moins prononcé, tout ce que l'on a senti s'exprime avec véhémence ; on fait passer chez ses auditeurs ou chez ses lecteurs toutes les impressions dont on a été agité, *on remue leurs passions*, on les entraîne comme fait un torrent : on est éloquent ! c'est ce qu'était Jean-Jacques. Aussi, sous ce rapport, on peut dire que l'éloquence est peut-être le plus funeste présent des dieux. Car l'éloquence agit sur les passions, et seulement sur les passions [1] : avec des mouvements oratoires, on déterminera chez ses auditeurs des sentiments de haine ou d'amour, à son gré... on les entraînera ; ils agiront sans raisonner : on en fera des hommes capables de grandes actions, mais d'actions irréfléchies, qui seront honorables ou criminelles par pur hasard !... Ceci me rappelle le mot d'une

[1] C'est le raisonnement logique et froid qui parle à l'intelligence.

dame douée d'une certaine susceptibilité nerveuse, qui disait un jour assez naïvement : « Quand on sort des concerts du Conservatoire, on est capable de tout! » Il y a là tout un livre de physiologie... Et c'est pour cela que l'éloquence n'était pas reçue devant l'Aréopage. Ainsi que vous le savez, Messieurs, Barthélemy nous le raconte de cette manière : « Ici, la vérité a
» seule droit de se présenter aux juges. Ils
» redoutent l'éloquence autant que le men-
» songe. Les avocats doivent sévèrement
» bannir de leurs discours les exordes, les
» péroraisons, les écarts, les ornements
» du style, le ton du sentiment, ce ton
» qui enflamme si fort l'imagination des
» hommes, et qui a tant de pouvoir sur
» les ames compatissantes. Les passions se
» peindraient vainement dans les yeux et
» dans les gestes de l'orateur ; l'Aréopage

» tient presque toutes ses séances pendant
» la nuit. »

Il est reconnu que la poésie ne se prête
pas au style didactique ni à la discussion,
comme la prose. C'est un langage à part.
Il est d'autant plus beau, qu'il réveille en
nous des sentiments plus élevés; souvent
ils ne sont que tumultueux; mais il doit
produire de l'agitation : voilà sa fin; c'est
là son but, il faut que le poète y parvienne;
pour cela, tous moyens sont bons, et souvent il y a peu à choisir. Aussi voyez comment le sévère Jérémie Bentham s'exprime
à cet égard :

« Préjugé à part, le jeu d'épingles, à
» plaisir égal, vaut la poésie. S'il amusait
» autant, il serait préférable. Le jeu
» d'épingles est à la portée de tout
» le monde; la poésie ne plaît qu'à un

» petit nombre d'élus. Le jeu d'épingles
» est tonjours innocent : qui osera donner
» le même éloge à la poésie ? Elle est l'en-
» nemie naturelle de la vérité. Morale
» fausse, physique fausse, religion fausse :
» toujours le poète a besoin du faux. Tra-
» vaille-t-il sur un fond vrai, il y met
» la broderie de l'exagération, qui est le
» faux, en fait de degré. S'il excelle en
» quelque chose, c'est à embellir, à mettre
» en œuvre, à enflammer les passions do-
» minantes, les préjugés populaires. La
» vérité, l'exactitude en tout genre est
» mortelle à la poésie. L'intérêt de son art
» oblige le poète à tout revêtir de couleurs
» mensongères.

» Je sais qu'il y a des esprits supérieurs
» auxquels la poésie et la philosophie ont
» eu des obligations à-peu-près égales ;
» mais ces exceptions ne détruisent pas ce

» que j'ai dit des dangers de cet art ma-
» gique. Cependant, la poésie conservera
» toujours la prééminence sur des amuse-
» ments moins susceptibles d'abus, parce
» qu'elle amuse des personnes plus diffi-
» ciles à amuser. »

Je ne prétends point faire ici l'éloge ni
le blâme de la poésie : il y aurait trop à
dire; mais je voulais seulement vous faire
connaître l'opinion du plus judicieux de
tous nos législateurs modernes.

Tout ce qui exclut la réflexion, nous
jette dans le domaine de la vie sensitive,
nous avoisine de la folie : c'est une remarque du docteur Pinel qui s'y enten-
dait. « Certaines professions, dit-il, disposent plus que d'autres à la manie, et ce
sont surtout celles où une imagination
vive et sans cesse dans une sorte d'effer-

vescence n'est point contre-balancée par la culture des fonctions de l'entendement, ou est fatiguée par des études arides. En compulsant en effet les registres de l'hospice des aliénés de Bicêtre, on trouve inscrits beaucoup de prêtres et de moines, ainsi que des gens de la campagne, égarés par un tableau effrayant de l'avenir ; plusieurs artistes, peintres, sculpteurs ou musiciens; quelques versificateurs extasiés de leurs productions; un assez grand nombre d'avocats ou de procureurs; mais on n'y remarque aucun des hommes qui exercent habituellement leurs facultés intellectuelles: point de naturaliste, point de physicien habile, point de chimiste, à plus forte raison point de géomètre. »

III. Les sciences de la vie contemplative comprennent la philosophie ou science-mère, la métaphysique et la législation, qui en sont des divisions. Ces sciences veulent l'exercice de l'intelligence, veulent la vie intellectuelle de préférence à la vie sensitive ; et l'exercice de l'intelligence et des facultés de l'ame constitue la vie contemplative, en ce qu'il nous rapproche de l'intelligence suprême que, mentalement, nous pouvons contempler.

Au contraire du développement de la vie sensitive qui nous détruit, qui, suivant l'expression de Mirabeau, fait que *l'ame use son enveloppe*, l'exercice de l'intelligence, la vie contemplative nous conserve. Remarquez, en effet, que presque tous les penseurs, les hommes méditatifs adonnés à la vie de contemplation, sont arrivés généralement à un âge fort avancé, et que très-peu sont morts jeunes.

Et ici ce n'est plus la sensibilité qui l'emporte sur l'intelligence, c'est au contraire l'intelligence qui domine sur la vie sensitive; et si cette domination est poussée jusqu'à un certain degré, elle détermine l'extase. C'est elle aussi qui donne ce courage de persévérance ou de vertu, comme on l'appelait chez les anciens; tandis que le courage héroïque n'est que le courage de la vie de passion, courage du désespoir... Maintes fois, on a vu le courage militaire allié au courage civil, mais c'était chez les hommes éclairés ; car, je le répète, le courage qui ne réfléchit pas n'est qu'un courage brutal. Avec de semblables dispositions, on peut tout tenter, tout oser, souvent tout conquérir; mais après la victoire on est écrasé sous son poids, et l'on ne peut rien conserver : le principal n'est pas d'obtenir, c'est de garder. Aussi, le chef qui dirige les mouvements d'une bataille doit-il rester calme en excitant les masses qu'il mène au combat.

C'est en se livrant à la vie contemplative, c'est en méditant pendant quinze années de retraite dans un désert, que Mahomet est devenu prophète, législateur d'un peuple qui suit encore ses lois; et Mahomet n'était qu'un simple conducteur de chameaux!

C'était aussi la méditation qui avait formé cet homme courageux et si calme qui, au milieu de la Convention, envahie par une populace effrénée, salua avec respect la tête de son collègue Ferraud, portée au bout d'une pique; oui, c'était la méditation, l'exercice de l'intelligence qui avait formé Boissy-d'Anglas!

Pour le parallèle de la vie d'action avec la vie de contemplation, les exemples sont nombreux, mais ne sont pas utiles ici davantage; car je n'ai point entendu vous faire faire un cours de philosophie : j'ai seulement eu le désir d'appeler votre attention sur la *nécessité d'examiner l'homme dans son organisation*, afin d'en tirer toutes les conséquences applicables à un bon système d'étude.

Ainsi, nous avons vu l'homme brut, l'homme de la vie sensitive, l'artiste, le héros, l'homme de la vie aventureuse des camps qui donne tant de gloire, de cette gloire si brillante et je dirai si bruyante; enfin nous avons vu l'homme de la vie contemplative, l'homme d'une utilité permanente, mais sans faste, et, pour ainsi dire, sans gloire, parce qu'il ne remue aucunes passions; au contraire, son lot est de les calmer.

Il était bon de faire cette opération, pour savoir à quoi nous en tenir sur la mission que nous avons à remplir , mission qui n'a en vue que l'utilité.....

Ah! laissons de côté le fracas du monde, livrons-nous aux méditations philosophiques, rendons-nous utiles. Pour cela, faisons le sacrifice de nos passions, oublions souvent celles des autres : nous n'avons pas besoin du langage qui les agite, mais de celui qui les éclaire pour les diriger. A l'aide du flambeau de l'analyse et de la synthèse, cherchons la vérité. Elle est simple ; pour la faire connaître, employons un langage qui lui soit analogue; soyons clairs et méthodiques , et admirons l'attitude de ces orateurs grecs qui , en parlant en public, n'accompagnaient leurs discours que d'une action noble, tranquille et sans art, comme les vertus qu'ils pratiquaient, comme les vérités qu'ils venaient annoncer; souvenons-nous que Thémistocle ,

Aristide et Périclès, presque immobiles sur
la tribune et les mains dans leurs man-
teaux, imposaient autant par la gravité de
leur maintien que par la force de leur éloquence. Préférons-les à ces énergumènes,
dont le seul but est de nous entraîner par
un mouvement rapide et désordonné, en
nous empêchant de réfléchir.

Car, ne nous y trompons pas, il y a une
certaine éloquence antilogique qui ne s'a-
dresse qu'aux passions. Aussi, dans les
spectacles, cette éloquence qui *parle aux
yeux*, ébranle davantage les hommes, par
la force de l'imitation, que le son des
paroles.

Et si j'ai bonne mémoire, Cabanis nous
raconte que Saint-Bernard, prêchant en
latin la croisade aux paysans allemands,
les mettait dans un grand état d'agitation
par ses sermons dont ils n'entendaient pas

un seul mot; aussi nous fait-il remarquer avec justesse que, quand les tons de la voix sont justes, imposants, touchants, il importe très-peu que les paroles soient dépourvues de sens et de raison...

En résumé, faisons tous nos efforts pour connaître le secret des ressources qui s'emploient contre nous ou seulement en notre présence, afin d'être à même de déjouer les projets coupables de ceux qui prétendent en faire usage au préjudice de leurs semblables, et ne faisons consister toute notre éloquence que dans deux mots, hors desquels il n'y a point de salut : *Vérité, utilité.* Ils ne nous conduiront pas à une gloire bruyante et rapide, mais ils nous procureront le témoignage flatteur d'une bonne conscience, récompense paisible, mais suffisante, de l'homme de bien, et la seule qui soit vraiment digne de lui; la seule aussi à laquelle doivent aspirer ceux qui exercent la profession qui nous fournira l'occasion de nous réunir dans le but de notre éducation commune.

—

IDÉES PRÉLIMINAIRES.

Le passé contient les germes de l'avenir. L'instant qui précède prépare l'instant qui suit ; et c'est d'une succession non interrompue que résulte cette série d'événements qui compose la vie des sociétés. Aussi nous ne sommes guère savants que des fautes de nos pères. Nous profitons de leurs acquisions, de leurs découvertes. En rectifiant les erreurs qui accompagnent toujours les premiers essais en tous genres, nous marchons vers la perfectibilité ; nous sommes dans le progrès, car, par progrès, j'entends cette tendance générale vers un avenir dont nous attendons plus de lumières , et par conséquent plus de sagesse et de bonheur. Sous plusieurs rapports, le Notariat aussi a fait des progrès , il faut le reconnaître , mais ils ont été forcés. Créé pour les besoins de la société, il a dû en suivre les développements ; autrement, il fût resté stationnaire et inapte à la mission qu'il est appelé à remplir. Fils de la routine, il a long-temps végété ; mais il est temps que, répondant à l'appel de la société, il en comprenne les besoins et prenne rang parmi les sciences. Loin de nous la pensée de répudier l'héritage de nos devanciers : nous le recueillerons avec soin pour en tirer le meilleur parti possible, soit en adoptant ce qu'ils nous ont légué de bon, soit en rectifiant les idées qui, n'étant plus de nos jours, formeraient des anomalies si l'on s'attachait à les maintenir. La raison dit : « Je suis fille du temps et j'attends tout de mon père. » Oui, Messieurs, le temps est un grand maître ; nous devons apprendre à le bien servir, c'est-à-dire à en faire un bon emploi. Pour cela, il faut jeter des fondements solides sur lesquels nous pourrons appuyer avec assurance l'édifice de notre éducation notariale.

J'ai dit que le Notariat doit s'élever au rang des sciences; et, de fait, il tire sa vie de toutes les sciences, auxquelles il fait de nombreux emprunts ; nous les signalerons à mesure que nous arriverons aux applications.

Puisque c'est de la philosophie du Notariat que nous faisons, remontons à la source ; cela est indispensable. Pour s'occuper d'une chose, il en faut savoir l'histoire , c'est-à-dire connaître sa naissance et son développement.

Je ne m'amuserai pas à indiquer l'époque où le Notariat a été établi : il ne s'agit point d'une histoire chronologique , mais philosophique.

Enfanté par la société, le Notariat en a suivi ou dû suivre les phases et les développements. C'est donc l'histoire de la société qui nous donnera celle du Notariat : et, ici , je vous ferai remarquer, en passant, que c'est encore l'examen de l'homme qui va nous guider dans nos recherches.

Dans l'origine , dit Volney, l'homme , formé nu de corps et d'esprit, se trouva jeté au hasard sur la terre confuse et sauvage : orphelin délaissé de la puissance inconnue qui l'avait produit, il ne vit point à ses côtés des êtres descendus des cieux pour l'avertir des besoins qu'il ne doit qu'à ses sens, pour l'instruire des devoirs qui naissent uniquement de ces besoins. Semblable aux autres animaux, sans expérience du passé, sans prévoyance de l'avenir, il erra au sein des forêts, guidé seulement et gouverné par les affections de sa nature....

Cependant, errants dans les bois et au bord des fleuves, à la poursuite des bêtes fauves et des poissons, les *premiers humains, chasseurs et pécheurs*, entourés de dangers, assaillis d'ennemis, tourmentés par la faim, par les reptiles, par les bêtes féroces, sentirent leur faiblesse individuelle. Ils s'associèrent pour assurer leur existence, pour accroître leurs facultés, pour protéger leurs jouissances.

Si nous voulons continuer l'examen du développement de ce principe des sociétés dans les diverses phases sociales, nous voyons :

1° Les peuplades nomades ;

2° Les peuples pasteurs ;

3° Les peuples agriculteurs ;

4° Enfin, les peuples commerçants, industrieux.

Chez les peuplades nomades, peuples chasseurs et pêcheurs, il n'y avait pas de conventions à constater. On se rangeait sous l'autorité, ou plutôt la protection d'un chef, le plus fort ; on exécutait ses ordres, et voilà tout.

Chez les peuples pasteurs, c'était à-peuprès la même chose ; et là, les conventions n'avaient guère besoin d'être constatées : en fait de meubles, la possession vaut titre ;

c'est un axiôme de notre nouveau droit,
et qui remonte à l'antiquité la plus recu-
lée; il est dans la nature de l'homme.

Mais chez les peuples agriculteurs, c'est
différent. Les conventions y sont en
petit nombre; mais il faut qu'elles soient
permanentes pour assurer la propriété de
l'objet acquis par droit de premier occu-
pant. Sans propriété foncière, il n'y aurait point d'agriculture possible, ni même
de commerce. Nous développerons ces
idées plus tard. Mais, quant à présent,
nous pouvons tenir pour certain qu'il en
est ainsi, comme le prouvent d'ailleurs les
ouvrages d'économie sociale que chacun
peut consulter.

Pour constater ces conventions tendant
à assurer à chacun la possession d'un coin
de terre plus ou moins étendu, il ne fallait pas d'abord de bien grandes connais-

sances : un appel à la géométrie pour la mesure et la description, quelque imparfaites qu'elles fussent, suffisait à-peu-près seul; car alors il n'y avait pas d'établissements de propriété à faire; ils ne sont venus que plus tard...

C'est chez les peuples commerçants et industrieux que les conventions se multiplient et se diversifient à l'infini. C'est à notre période de civilisation que le nombre en devient effrayant, et exige des connaissances très-étendues.

Jugez, Messieurs, à quoi servirait un notaire que, par la pensée, on peut transporter, de chez un peuple agriculteur et simplement agriculteur, au milieu de notre société actuelle : ignorant même jusqu'au nom des objets les plus usuels, il lui serait impossible de comprendre et de rendre la moindre convention.

Pour régler la transmission d'une propriété, il faut avoir recours à la géométrie, s'il s'agit d'une propriété foncière ;
mais pour transmettre une propriété mobilière, il faut avoir recours à la techno-
logie, pour décrire et appeler de leurs
noms les objets qui la composent. Il faut
entendre les mathématiques, pour faire les
calculs qui se présentent chaque jour. Il
faut connaître l'économie politique, pour
comprendre les conventions des commerçants et pour apprécier la valeur des propriétés. Il faut avoir étudié la législation ,
pour expliquer l'esprit des dispositions légales. Il faut surtout connaître le droit,
qui est l'application sèche, et aux cas spé-
ciaux, des idées législatives. Et, pour arriver à ces connaissances, il faut d'abord
avoir étudié l'entendement humain, connaître le travail des pensées, c'est-à-dire

avoir recours à l'idéologie; en savoir la combinaison et la déduction , ce qui est du ressort de la logique; et savoir surtout la science de leur expression , ce que nous apprend la grammaire. Aussi voyons-nous dans les ouvrages de Jérémie Bentham , dont le mérite est au-dessus de toute espèce d'éloge, que le législateur doit à la grammaire plus qu'on ne croit. Ce célèbre jurisconsulte et législateur signale à chaque instant l'importance d'une rédaction bien précise dans les lois : et, comme vous le savez, les actes sont les lois des parties qui les souscrivent.

Mais tout cela ne s'acquiert que par un travail soutenu et, de tous les instants : travail qu'il faut faire passer en habitude pour pouvoir s'y livrer avec plaisir et sans fatigue ; travail qui est un trésor, et sans lequel l'homme n'est rien, sans lequel il se ravale au-dessous de la brute, en désertant sa destinée.

Comme vous le voyez, le Notariat tient à tout; il se rattache à presque toutes les sciences ; nul doute qu'il ne faudrait pas prétendre les connaître toutes à fond, mais on ne peut ni ne doit y rester complètement étranger.

Un point capital pour chacun et surtout pour un notaire, c'est de faire souvent de la rétrospective : il faut revenir sans cesse sur les idées acquises, les revoir constamment, afin de bien s'assurer qu'aucun élément hétérogène ne s'y est mêlé. Il faut surtout refaire ses jugements, car un premier jugement peut en motiver un second, et ainsi de suite; et, si l'un est faux, il pourra arriver que tous le seront. Gardons-nous surtout d'apprendre par cœur nos jugements : c'est-à-dire n'en recevons jamais de tout faits , instituons-les nous-mêmes ; et, lorsqu'une question se présente, ne disons pas : « Je me rappelle que, dans une circonstance analogue, j'ai décidé qu'il en devait être ainsi... ma réponse est toute faite. » Au contraire , examinons de nouveau nos raisons de décider : ce sera le moyen de nous rectifier, si nous avons eu tort la première fois, et de nous affermir davantage dans notre opinion, en l'éclairant, si nous avions eu raison. Je vous répéterai que *la philosophie fait des hommes;* que sans elle on ne peut compter sur rien de certain, puisqu'il est bien convenu que nous entendons par philosopher l'opération de remonter des effets aux causes, et de descendre des causes aux effets : c'est la philosophie qui préside ou doit présider à l'établissement de nos jugements.

J'applique ce raisonnement à un cas spécial du Notariat, à un établissement de propriété.

Si l'on nous présente un acte contenant l'historique de la propriété d'un immeuble dans la main d'un vendeur ou d'un emprunteur, et que nous tenions pour avéré tout ce que renferme cet acte, nous nous dispenserons de voir s'il est bien conforme à la vérité; nous laisserons de côté les anciens titres, et nous opérerons d'après le plus récent, qui contient l'analyse de tous les autres. Au premier aperçu, il n'y aurait pas grand mal à cela! Oui, mais si cette analyse est infidèle; si l'on a donné aux individus des prénoms, des qualités qui ne leur appartiennent pas; si l'on a mal interprété des clauses primitives, et qu'on leur ait donné une signification qui n'est pas la leur, voilà tout l'échafaudage qui disparaît : alors il n'y a plus de transcription ni de purge régulière ; il n'y a plus de possession paisible. Vous avez jugé que la personne qui a produit le travail sur lequel vous avez opéré a régulièrement agi ; vous avez fait une fausse opération, pour n'avoir pas examiné celle qu'on vous a présentée, pour n'avoir pas vérifié si ce dernier acte est conforme aux anciens titres qui lui ont donné naissance ; en un mot, pour n'avoir pas vu si les textes de cette loi des parties étaient conséquents aux motifs. Je vous développerai plus tard cette pensée.

Il en est de même pour les actes d'emprunt, quant aux déclarations hypothécaires. Il ne faut pas s'en rapporter à un simple énoncé des parties contractantes ; il faut toujours accompagner ces déclarations de la preuve qu'elles sont exactes, c'est-à-dire d'un état délivré par le conservateur des hypothèques.

Tout cela se reproduit tous les jours et dans tous les actes. Je ne fais que l'indiquer en passant ; mais tenez-le pour certain, et soumettez-vous à cette loi de la nécessité, sans quoi il en pourrait résulter les inconvénients les plus graves. On attribue à M. Tripier, maintenant pair de France et conseiller à la cour de cassation, d'avoir dit : *Les indulgences sont pour ceux qui lisent*. Eh bien ! Messieurs, voilà qui renferme toute la conduite d'un clerc ou d'un notaire. Dans un dossier, il faut tout examiner. On m'a assuré que M. Tripier lisait jusqu'aux adresses des lettres... Nous verrons plus tard pourquoi il est si important de tout lire. Dès-à-présent je puis vous dire que c'est surtout parce qu'il n'y a point de cadres logiques adoptés par tous les notaires pour le classement des clauses qui entrent dans un acte ; que telle clause qu'un notaire place à un endroit, tel notaire la met à un autre ; et que souvent, par suite de cela, il arrive qu'une clause très-importante se trouve à la fin, après une stipulation de style tout insignifiante.

En terminant, je dirai qu'il faut, avant tout, apprendre les formalités de détail, faire une étude spéciale de la loi organisatrice du Notariat et de celles du timbre, lois qu'il faut savoir par cœur, et surtout la première, car c'est elle qui indique les conditions à remplir pour qu'un acte soit valable. Il ne suffirait pas de rendre avec beaucoup de lucidité les intentions des parties contractantes, il faut encore faire qu'elles deviennent authentiques, et pour cela se conformer aux exigences de la loi

qui organise le Notariat... Elle est le bré-
viaire du notaire.

Maintenant j'adresserai un reproche à
messieurs les clercs, c'est de ne pas sentir
leur position, de ne pas s'attribuer toute
l'importance qu'ils ont. Que ce soit modestie ou insouciance, ce n'est point excusable. Un clerc, surtout dans les rangs
avancés, remplace souvent un notaire...
De plus, il travaille pour le devenir lui-
même : il faut donc que, de bonne heure,
il en contracte les habitudes.

Enfin, j'essaierai de détruire un préjugé
fatal. On croit qu'il faut moins d'instruction pour être notaire de village que dans
une grande ville; eh bien! c'est une erreur, suivant moi.

Dans les grandes villes on trouve, au
besoin, réunis autour de soi, des hommes
éclairés dans toutes les professions. Si une

question embarrassante se présente, on
peut à l'instant même se faire aider des
conseils de l'avocat de l'administrateur, du
receveur de l'enregistrement, du géomètre,
de l'architecte, etc. Mais, dans les campagnes, on ne trouve point, pour la plupart
du temps, de tels secours : en l'absence
des lumières d'autrui, il faut tout tirer de
son propre fonds. Souvent même la nécessité d'une prompte détermination se fait
sentir. La moindre hésitation de la part
du notaire peut occasionner de graves inconvénients pour ceux qui requièrent son
ministère, quelquefois la ruine de leur
fortune. Surtout maintenant que l'industrie se propage dans toutes les contrées de
la France, que, dans les villages de la
moindre importance, se rencontrent des
établissements industriels d'une valeur considérable, il faut être à même de bien com-

prendre les conventions auxquelles ce genre d'établissements peut donner lieu, afin de les bien rendre. J'ajouterai encore un mot qui mérite considération. Dans les grandes villes, on est presque toujours en rapport avec des personnes dont les relations multipliées et faciles et l'éducation distinguée garantissent en quelque sorte une facilité d'élocution et une justesse d'expression qui ne laissent pas de doutes sur leurs intentions; bien expliquées, elles seront faciles à comprendre, et par conséquent faciles à bien rendre. Mais dans les campagnes, au contraire, il arrive presque toujours qu'en l'absence de moyens de se faire comprendre, les parties attendent du notaire l'explication de leurs propres intentions. Son office ne se borne plus à écouter pour rendre des intentions bien lucides; il est obligé lui-même de saisir, dans une explication tronquée, la véritable intention des contractants, et de la leur expliquer en la retournant sous toutes ses faces... Il arrive souvent, et tout le monde le sait, qu'une idée, présentée sous un point de vue autre que le premier, change toute une question, et amène une solution différente : ainsi, avant de chercher à constater la volonté des contractants, il faut d'abord la découvrir, et ensuite la leur expliquer de plusieurs manières différentes, pour être sûr de remplir le but qu'ils se sont proposé sans s'en être rendu un compte bien exact [1].

---

[1] Dans les grandes villes, la multiplicité des opérations en tous genres amène dans toutes les parties une pratique forcée qui souvent tient lieu de science. Ainsi, un notaire, obligé de prêter son ministère pour un grand nombre d'affaires, acquerra, sans s'en apercevoir, une habitude pratique qui remplacera, autant que possible, des études auxquelles il ne se sera pas livré d'abord. Sa seule position d'homme occupé fera son éducation notariale, sans qu'il

Maintenant que voilà nos bases connues, nous nous attacherons d'abord à faire de la pratique la plus simple possible, afin de chercher, dans des idées qui nous sont déjà un peu familières, l'explication de celles qui présentent plus d'importance et de difficultés : nous nous aiderons surtout de la méthode synoptique dont toute la puissance est loin d'être appréciée. Réduisant tout à sa plus simple expression, nous vérifierons les formules textuelles, pour savoir si elles sont conformes aux formules synoptiques qui sont des cadres logiques ; nous examinerons si les formules textuelles sont

s'en doute. Tandis que, dans les campagnes, il faudra un zèle soutenu, une attention de tous les instants, et un travail opiniâtre pour pouvoir se tenir au courant des opérations de tout genre qui peuvent se présenter. Et, puisque la pratique prête secours à la science par l'application, il faudra toujours au notaire le moins occupé plus de persévérance dans la science pour remplacer son défaut de pratique.

conformes aux dispositions de la loi ; nous chercherons les raisons de ces dispositions dans les motifs promulgués par le législateur ; et pour savoir si ce ne sont pas des raisons simplement de circonstances , nous remonterons enfin aux lumières de la véritable législation ; nous verrons si les raisons avancées par le législateur sont avouées par une saine logique , c'est-à-dire réellement fondées sur le plus grand intérêt de tous les administrés. Ainsi nous marcherons de la pratique à la théorie, du connu à l'inconnu. De cette manière nous rattacherons aux idées qui nous seront le plus familières celles qui sont un peu fugitives ; et la pratique , qui est d'une utilité directe et immédiate, nous conduira , sans peine ni fatigue, à la théorie, qui complétera notre éducation notariale. Cette grande opération sera suivie de celle qui doit lui servir de contre-preuve. En l'absence de toute loi écrite, de tout livre, nous soumettrons à l'examen des lumières de la plus simple raison toutes les actions de la vie d'un homme, et nous chercherons à quelles règles elles doivent naturellement donner lieu...

Nota. Les leçons suivantes n'ont pas été recueillies pour l'impression.

DU STAGE.

I.

Sous l'article 3220 du *Journal de la Jurisprudence du Notariat*, et à propos du stage exigé des aspirants au Notariat, on lit ce qui suit :

« La jurisprudence du ministère est
» que, pour être admis dans la seconde
» classe, il suffit de huit années de stage

» dans la troisième, dont seize mois comme
» premier clerc, et que, pour être admis
» dans la première classe, on exige seu-
» lement un autre tiers, c'est-à-dire neuf
» années de stage dans la troisième classe,
» dont vingt mois en qualité de premier
» clerc. »

Ma conviction, dès long-temps établie, est que ni le stage, ni les examens que l'on fait subir aux candidats devant les chambres de discipline, n'offrent les garanties suffisantes de capacité exigées par le législateur.

Le stage est une forte présomption sans doute; mais, dans maintes circonstances, les faits viennent déposer contre cette présomption.

Et quant aux examens, nous rappelle-rons ces paroles de l'orateur du gouvernement, lors de l'exposé des motifs de la loi du 25 ventôse an xi :

« Combien d'individus pleins d'instruc-truction, mais aussi chez qui la timidité est égale à la modestie, donnent facilement, dans la solitude du cabinet, la solution des questions les plus difficiles, mais qui, transportés dans une assemblée publique et devant les juges, ne répondent qu'avec peine aux questions les plus simples ! Combien d'autres, au contraire, n'ayant que des connaissances superficielles, mais armés d'une audace qui en impose, se tirent heureusement de ces sortes d'exercices, parce qu'ils n'ont pas plus de timidité que de modestie!.. C'est dans l'*expérience longue*, résultat d'un long travail, *bien plus que dans un interrogatoire de quelques minutes,* que la loi trouvera la garantie de l'instruction qu'elle exige. »

De fait, que prouvent les examens ? Rien ou à-peu-près. Sans parler de la manière dont généralement ils sont faits, le mode d'instruction notariale par la simple voie du stage ne permet pas qu'on les rende plus fructueux. Ils ne peuvent guère être utiles en l'absence de cours publics de Notariat lorsqu'il n'existe point un enseignement méthodique et obligatoire portant avec lui la preuve que les jeunes gens ont dû forcément acquérir des connaissances positives sur les matières notariales, sujet des examens que l'on fait subir aux aspirants.

Le Notariat est sans contredit une des professions qui exigent le plus de garanties de moralité et de capacité de la part de ceux qui s'y destinent. Eh bien ! c'est peut-être aussi la profession pour laquelle il y en a le moins de réelles.

Car les *examens....* il n'en faut réellement parler que pour mémoire ; et cette fois nous oserons dire toute notre pensée : c'est qu'ils ne sont pas même toujours sérieux. Par exemple, il est tel notaire à qui pas une seule question n'a été adressée lors du prétendu examen qu'on lui a fait subir, A bien prendre, les examens sont une vraie dérision.

Et, à son tour, le *stage*, présomption assez forte en apparence, n'est pas non plus une garantie : l'expérience en fait foi. Inutile d'indiquer les sources où l'on peut puiser des preuves. On nous dispensera d'entrer dans des développements à cet égard.

Au surplus, comment se fait le stage destiné à prouver l'instruction exigée de l'homme qui veut arriver à la profession de notaire? C'est ordinairement la routine qui en fait les frais. C'est à l'aide d'un travail d'habitude, presque mécanique, que les jeunes gens parviennent à franchir tous les grades de la cléricature. Il est des clercs que le hasard, certaines convenances, même la nécessité, élèvent au rang qu'ils occupent, bien que pourtant ils soient d'une faiblesse désespérante, d'une ignorance proverbiale. Aussi sont-ils tourmentés, ridiculisés par une camaraderie rivale et rarement indulgente.

Toutefois, le stage, qui ne prouve rien, a été l'objet de toute la sollicitude du législateur. Il est donc utile d'entrer dans ses vues à ce sujet, de chercher à pénétrer sa pensée.

D'abord les notaires ont été divisés en trois classes, et ces classes supposent différents degrés d'instruction. Je penserais au contraire qu'elle devrait être partout la même; ou bien, en admettant des degrés, c'est dans la troisième classe que je la voudrais plus étendue; j'en ai dit la raison [1].

Mais enfin le législateur a voulu une instruction analogue aux difficultés que présentent les affaires qui sont traitées dans chacune des trois classes.

De là cette exigence de l'art. 36 de la loi du 25 ventôse an XI, qui dit : « Le temps de travail ou stage sera , sauf les exceptions ci-après , de six années entières et non interrompues , dont une des deux dernières, au moins , en qualité de premier clerc chez un notaire d'une *classe égale à celle* où se trouvera la place à remplir. »

[1] Voir l'analyse du *Cours de Notariat.*

Et l'art. 37 dit *supérieure ou égale.*
D'où les commentateurs de la loi tirent cette conséquence ainsi formulée [1] : « En tout cas, les fonctions de premier clerc doivent avoir été remplies dans une étude d'une classe égale à celle où se trouve la place de notaire à remplir. Le maître clerc d'un notaire de seconde classe ne pourrait donc jamais aspirer à être notaire de première classe. Puisque la *distinction* des classes est *fondée* sur la présomption de l'importance des affaires, la condition imposée paraît juste. »

Ils ajoutent : « L'art. 40 [2] ne dispense

---

[1] Tome **II**, page 34, n° 16.

[2] Ainsi conçu : « Le temps de travail exigé par les articles précédents devra être d'un tiers en sus, toutes les fois que l'aspirant, ayant travaillé chez un notaire d'une classe inférieure, se présentera pour remplir une place d'une classe immédiatement supérieure. »

pas de la condition générale contenue dans les art. 36 et 37, qui consiste à avoir rempli pendant un an au moins les fonctions de premier clerc chez un notaire d'une classe égale à celle où se trouve la place à remplir. *Quel que soit donc le nombre d'années que l'on ait travaillé dans une étude de* CLASSE INFÉRIEURE, il faut, pour être admis dans une *classe supérieure*, justifier *d'une année de travail dans une étude de cette classe*, en qualité de premier clerc. »

Voilà, je crois, le véritable esprit de la loi, conforme à la lettre des articles précités.

En effet, il est évident que les affaires sont plus importantes, plus multipliées, et présentent de bien autres difficultés dans certaines localités que dans d'autres : ainsi les grandes villes, à cause de la population et de la diversité des transactions...

Aussi a-t-on rangé dans la première classe les études qui se trouvent dans le chef-lieu d'une cour royale. En général on a fait une bonne classification sous ce rapport.

De sorte que, pour les jeunes gens attachés à ces études, s'ils sont intelligents, laborieux, et s'ils travaillent sous la direction d'un bon patron, l'instruction est aussi facile que rapide.

Tandis que, dans de petites localités, où les affaires se traitent avec beaucoup moins de soin, offrent moins de difficultés et sont d'un ordre moins élevé, les progrès sont lents et même bornés. Il y a beaucoup d'études de notaires où jamais on ne fait de liquidations un peu compliquées; et pourtant, c'est un travail qui est vraiment la pierre de touche des clercs; c'est l'effroi des débutants, le désespoir des intelligences étroites, et la honte de ceux qui sont forcés d'avouer leur impuissance à cet égard. Je le sais par expérience personnelle, l'instruction que l'on croit acquérir dans certaines études équivaut à l'ignorance, et nuit même beaucoup plus qu'elle ne sert, car on y contracte de mauvaises habitudes, et ensuite il est plus difficile de s'en défaire que d'en acquérir de bonnes. Ce n'est pas précisément la faute des patrons, mais bien le résultat d'une influence due à la mauvaise manière d'y traiter les affaires, pour ne point choquer d'anciens usages. La théorie ne peut être bonne qu'autant qu'elle sert à appuyer la pratique, et, quand les occasions d'application manquent, c'est alors de la théorie stérile et fugitive.

Or, je le demande, la jurisprudence suivie au ministère remplit-elle le vœu du législateur ? Evidemment non : car jamais la *quantité* de stage ne pourra remplacer la *qualité*. On a beau additionner des années infructueuses avec d'autres années infructueuses sous le rapport du travail et de l'instruction, on aura toujours pour total l'*ignorance*, vraie lèpre notariale.

La considération d'un notaire est en raison directe de sa science et de sa probité. Il faut donc, dans l'intérêt même du Notariat, que les garanties de capacité soient certaines.

Eh bien ! non-seulement le stage n'est pas une garantie, mais encore, chose étrange, le stage lui-même n'est pas garanti !

A la vérité, l'art. 35 de la loi du 25 ventôse an XI veut bien que l'on *justifie* du temps de travail ; mais rien ne répond de la sincérité de cette justification, puisque rien ne prouve que les certificats de stage attestent un fait vrai. Ils peuvent être délivrés par complaisance, au moins pour une partie du temps de travail exigé , et alors la loi se trouve éludée sous ce rapport. Ceci n'est pas une supposition purement gratuite ;... d'ailleurs jamais la loi ne doit sciemment laisser une porte ouverte à la fraude.

On concevra sans peine que de tels certificats soient demandés et puissent être délivrés, si l'on songe au peu d'importance que beaucoup de personnes attachent à une solide instruction notariale. Avec une certaine élasticité de conscience, on arrive à se persuader qu'il n'y a là nul inconvénient, parce que l'on ne pense pas qu'un mensonge de ce genre puisse nuire à qui que ce soit ; on ne pense pas à tous les désastres qui en peuvent être les conséquences

éloignées : et, de fait, c'est bien ce dont on
s'occupe le moins. Dans les examens, la
capacité est comptée pour bien peu ; même
dans les études, elle n'excite pas beaucoup
de sollicitude. Un notaire a bien osé me
dire qu'il ne fallait pas trop hâter le développement intellectuel des clercs, parce
qu'on en était abandonné plus vite, et que,
après tout, on se créait ainsi des rivaux [1]!

[1] Entre confrères, il est des devoirs d'honnête homme
qui garantissent contre les rivalités. Les clients ne sont pas
inféodés à une étude, sans doute ; mais, lorsqu'ils se présentent pour la première fois chez un notaire, on ne les ac-
cueille pas sans s'informer du motif pour lequel ils quittent l'étude à laquelle ils étaient jadis attachés. Et cela,
non pas seulement dans l'intérêt du notaire abandonné,
mais bien, plutôt dans l'intérêt du client lui-même. Car il
faut toujours rester où l'on est à-peu-près bien. Trop
souvent on perd à changer ; et, tôt ou tard, la confiance qui
vagabonde est trompée. En affaires, la persévérance conduit
au but plus tôt et plus sûrement que l'inconstance.

Et, après tout, il me semble que c'est pousser la prévoyance bien loin. J'ajoute que c'est insulter gratuitement
la jeunesse du Notariat pour des fautes imaginaires.

Quoi qu'il en soit, puisque le stage est la seule présomption d'instruction chez les candidats, il serait désirable que, à l'instar de ce qui se pratique à Paris, des registres, destinés à constater le stage des clercs, fussent tenus par les soins du secré-

Ici, comme en toutes circonstances, je me plais à la défendre. Non, des clercs ne deviennent pas les rivaux de leurs patrons. Le supposer, ce serait dire :

« Vous avez été mon élève ; vous avez brigué mon amitié, obtenu toute ma confiance, qui vous a initié à tous les secrets de mon étude, mis en rapport avec mes clients ; c'est moi qui ai fait votre éducation notariale ; c'est à moi que vous devez votre état, et cet état honorable, vous l'avilissez par une conduite déloyale !

» Je vous ai enseigné les devoirs de la confraternité, de la délicatesse, de l'honneur, et vous trahissez lâchement ma confiance. La considération dont je vous ai entouré, vous l'avez employée à vous insinuer dans l'esprit de mes clients, et, maintenant, employant la calomnie au secours d'un caractère servile et rampant, vous tournez à votre profit et contre moi les ressources que j'ai mises à votre disposition. Vous voulez qu'elles servent à m'enlever une confiance que vous ne méritez pas !.. Mais c'est là un crime pire qu'un vol de grand chemin ! C'est une action si basse,

taire de chaque chambre de discipline.

On y inscrirait l'entrée et la sortie de chaque clerc attaché à une étude de notaire ; et cela dans un court délai, passé lequel le stage ne pourrait plus êtrecompté, faute d'inscription ; et le secrétaire délivrerait des extraits de ce registre, pour

que les lois pénales mêmes ne peuvent l'atteindre. Mais, tôt ou tard, la conscience publique en fera justice, et vous imprimera au front une tache ineffaçable ; on y lira, malgré tout le soin que vous aurez de cacher le remords qui vous poursuivra souvent, on y lira ces deux mots, qui vouent à l'infamie tout homme à qui on peut les appliquer : *Lâche ! traître !* »

Non, mille fois non, il ne se peut rencontrer, parmi la jeunesse du Notariat, de tels hommes qui la déshonoreraient. Que s'il y en avait que leur dissimulation pût assez bien servir pour les laisser arriver à des fonctions honorables dont ils se rendraient ainsi indignes, la vindicte publique les aurait bientôt renversés.

Oui, ces craintes sont de pures chimères, enfantées par l'égoïsme, qui ne peut croire ni à la vertu, ni à l'honneur, pas plus qu'au désintéressement dont il est incapable lui-même. Et, de toutes parts, un cri doit toujours s'élever bien haut en faveur du Notariat : SCIENCE, ÉMANCIPATION !

remplacer les certificats que l'on retire des notaires chez lesquels on a travaillé.

De cette façon, on ne pourrait rien dérober au nombre d'années déterminé par la loi pour composer un stage complet, tandis que l'absence d'une mesure si simple et si facile à mettre en pratique, peut avoir les plus funestes résultats. Et, ici, nous ne nous occupons pas des susceptibilités qui voudraient mettre en avant la délicatesse et la bonne foi : elles ne peuvent pas se trouver blessées par une précaution qui tend à faire disparaître un moyen de fraude possible.

II.

Sous le n° 3229 du même journal, on
a posé les deux questions suivantes :

« 1° Est-il nécessaire que le stage exigé
» par la loi du 25 ventôse an xi soit con-
» tinué jusqu'au moment où le candidat
» demande à être admis aux fonctions de
» notaire? Suffit-il au contraire que le stage
» soit complet, c'est-à-dire qu'il réunisse
» le nombre d'années exigées par la loi,
» pourvu qu'elles soient consécutives, sans

» égard au temps écoulé depuis et pen-
» dant lequel l'aspirant n'aurait point tra-
» vaillé dans l'étude d'un notaire?

» 2° Le temps de travail passé dans une
» étude de première ou de deuxième classe
» compte-t-il DOUBLE pour le candidat qui
» aspire à un Notariat de troisième classe,
» quel que soit le temps que ce stage ait
» duré? ou bien, au contraire, ne compte-
» t-il double qu'autant qu'il a été de trois
» années entières? Est-ce dans ce dernier
» sens qu'il faut entendre l'art. 44 de la loi
» du 25 ventôse an XI? »

Quant à moi, je ne partage pas l'opinion de l'auteur, qui s'est prononcé dans
le sens tout favorable aux aspirants; et
voici mes réflexions à cet égard :

Par intervalles malheureusement trop
rapprochés, de déplorables catastrophes

viennent affliger les amis du Notariat et de l'ordre social.

Chaque fois que de nouvelles malversations sont révélées, d'anciens et pénibles souvenirs se réveillent toujours.

Mais, en pareilles circonstances, il ne suffit pas d'exprimer des regrets: il faut remonter à la source de ces fâcheux accidents. C'est le seul moyen d'y remédier pour l'avenir.

Sans doute, plusieurs causes concourent à la déconsidération du Notariat; mais on peut, je pense, les réduire à deux principales: *L'ignorance* et *l'immoralité.* Ce n'est pas le lieu de nous occuper de celle-ci; disons seulement que, en thèse générale, souvent elle procède de celle-là.

Il me parait donc de la plus haute importance de faire la guerre à l'ignorance notariale, et de travailler sans cesse à sa destruction; car il n'y a de vraie planche de salut que la CAPACITÉ.

Mais, chose bien regrettable, les garanties de capacité sont peu nombreuses, et même elles ne sont pas toujours sérieuses : déjà, nous nous sommes expliqué là-dessus.

C'est pourquoi les exigences de la loi doivent être poussées jusqu'à la plus grande sévérité, sous le rapport des garanties qu'elle offre. Que si elles sont peu nombreuses, il y a conscience à les rendre au moins le plus sérieuses possible. Et, assurément, une indulgence aveugle qui s'appliquerait à les affaiblir, serait bien mal entendue; elle dégénérerait en une faute des plus répréhensibles.

Par exemple, tout système tendant à diminuer le temps de travail que la loi exige des aspirants au Notariat, ou bien encore à changer le mode d'application de la règle qu'elle trace à cet égard, ce système ne serait ni admissible ni excusable.

Et d'abord, lorsqu'il existe un texte précis et clair, il faut bien se garder de le torturer pour chercher ce qu'on appelle l'esprit de la loi. Car, *si l'esprit vivifie*, il arrive aussi parfois que ce prétendu esprit est une sophistication de la lettre, et ne sert qu'à l'embrouiller.

Or que veut la loi sur le Notariat relativement au stage ? Entr'autres choses, elle veut :

1° Qu'il n'y ait pas d'interruption dans le temps de travail. Rien à expliquer quant à cela.

Mais il n'est pas dit si le stage devra être continué jusqu'au moment où l'aspirant se présente pour être nommé aux fonctions de notaire.

De là on tire la conséquence que ce n'est pas nécessaire. En effet on ne peut pas exiger plus que la loi ne demande elle-même.

Mais disons qu'il est fâcheux que le temps qui peut s'écouler, depuis le moment où le stage s'est trouvé complet, jusqu'au moment de l'entrée en fonctions, n'ait pas été déterminé d'une manière précise. Car, une fois le principe admis, il n'y a pas de raison pour s'opposer à un intervalle de vingt ou vingt-cinq ans.

Et quels en seraient les résultats? Evidemment, défaut de capacité.

Bien certainement, celui qui aurait abandonné le Notariat à l'âge de vingt-quatre ans, ou même plus jeune, pour se livrer à d'autres occupations, étrangères ou ayant peu de rapport à cette partie, et qui, vingt ans plus tard, se présenterait pour exercer

les fonctions de notaire, certes, cet aspi-
pirant serait peu apte à les bien remplir.
A supposer qu'il lui fût resté assez de connaissances de la loi et de la théorie du Notariat pour subir, avec succès, un examen
devant la chambre de discipline, chose assez
facile du reste, il ne posséderait certainement plus le *savoir-pratique*. Il aurait contracté des habitudes étrangères au Notariat,
et peut-être même anti-notariales.

N'oublions pas que la capacité ne se
compose pas seulement d'instruction, mais
encore d'éducation, c'est-à-dire d'habitudes pratiques, d'habitudes d'ordre surtout, et dont l'interruption est pernicieuse.
L'exercice des fonctions de notaire ne souffre
pas la discontinuité. C'est une profession
qui a besoin de marcher jour à jour avec
les besoins de la société, et d'être conti-
nuellement en harmonie avec les modifications sociales qui se renouvellent sans cesse.

De plus, pour être complète, l'éducation notariale d'un clerc doit être suivie de l'exercice des fonctions de notaire. Il y a loin d'un bon clerc à un bon notaire : il faut avoir exercé soi-même, pour être en état de bien exercer. Le passage de la cléricature à l'exercice, comme notaire, est une espèce de crise que la prudence, l'attention et la persévérance dans un travail soutenu, peuvent seules rendre profitable. Il est des exemples de très-bons clercs qui n'ont pu réussir comme notaires, et cela est facile à concevoir.

Maintenant, je vais plus loin ; je regrette qu'après une trop longue interruption, l'on puisse *redevenir* notaire.

Car, en pareilles matières, il s'agit toujours de questions de temps, et de temps bien ou mal employé.

Eh bien ! un aspirant au Notariat qui,

par exemple, aurait exercé, de vingt-cinq à vingt-six ans, les fonctions de notaire, et qui les reprendrait à quarante-cinq ans, celui-là ne devrait inspirer aucune confiance : il manquerait évidemment de connaissances pratiques, connaissances pourtant si indispensables, qu'elles font au moins la moitié de la capacité notariale. D'ailleurs, il en est de même en toute chose, jamais on ne peut produire un bon travail sans avoir beaucoup pratiqué.

2° La loi exige la justification d'un temps de travail déterminé, mais qui peut être abrégé, lorsque l'aspirant aura employé *trois ans* dans une étude d'une classe supérieure à la place qui devra être remplie.

Dans le paragraphe qui précède, nous avons fait connaître notre opinion relativement à l'avantage du stage fait dans les classes supérieures sur le stage dans les classes inférieures.

Mais, ici, une question se présente. On demande pour combien de temps comptera le travail dans une étude de classe supérieure, lorsque ce travail aura duré moins de trois ans. La réponse me paraît toute simple. Il devra être compté seulement pour sa *durée de fait*.

Car il ne faut pas chercher dans la loi une exception qui n'y est pas écrite.

Mais, dira-t-on, pourquoi avoir adopté pour chiffre trois années ? La réponse est encore toute simple ; il faut bien avoir une limite, savoir où l'on devra s'arrêter.... Et toute limite, tracée par la loi, qui elle-même a été définie une limite, doit être respectée. Autrement on ne saurait jamais sur quoi compter ; il n'y aurait plus qu'incertitude.

D'ailleurs, il fallait aussi adopter un laps de temps propre à offrir moralement la garantie que le travail serait utile et profitable.

Ainsi, sans nous enquérir de l'esprit de la loi, nous pouvons bien ici nous en tenir au texte bien clair, bien positif, et examiner ses heureuses conséquences.

Reconnaissons d'abord que la présence momentanée ou pas assez prolongée d'un jeune homme dans une étude de classe supérieure, ne pourrait aucunement lui profiter pour son instruction notariale. Il faut faire preuve de capacité, et avoir déjà des connaissances acquises pour s'y trouver utilisé ; et ce n'est qu'en produisant du travail utile que l'on peut faire des progrès.

Et si, comme cela se voit journellement, beaucoup de jeunes gens laborieux et doués d'une certaine capacité sont obligés d'attendre long-temps l'occasion favorable pour l'emploi de leur talent, qu'adviendra-t-il de ceux qui n'ont ni zèle, ni instruction ? Ils resteront, dans les études, en dehors des travaux utiles et profitables.

Combien n'en voit-on pas à qui l'occasion échappe complètement, et d'autres qui se soucient fort peu de se mettre en état de la saisir quand elle vient s'offrir à eux.

Aussi, bon nombre de débutants perdent-ils réellement tout leur temps pendant les premières années ; et, loin de compter double, il devrait ne pas leur être compté du tout. Car, enfin, c'est d'un travail utile et non pas d'un travail nul que la loi a entendu parler. Or, ce n'est guères qu'à partir du grade de quatrième clerc, et même de troisième, que l'on peut travailler fructueusement. La simple présence d'un jeune homme dans une étude, pendant un temps donné, ne prouve absolument rien ; bien plus, lorsqu'on n'y travaille pas avec assiduité, on nuit au progrès de ses collaborateurs.

Mais, en admettant même le cas le plus favorable, je dis que, si l'on change trop souvent de patron et surtout de classe, on profitera peu. Car, avant tout, il faut prendre les habitudes de sa nouvelle position, et cela se fait toujours avec assez de lenteur. Et à chaque changement, nouvelle nécessité qu'il en soit ainsi. Ajoutez que ces habitudes se contrarient entre elles, engendrent des idées disparates, qui forment une espèce de chaos. En preuve de ceci, je rappellerai un fait : il est démontré par l'expérience que tel clerc, en ne changeant pas d'étude, peut bien être en état de remplir une place supérieure à celle qu'il occupe, tandis qu'il en est souvent incapable lorsqu'il obtient de l'avancement dans une étude où il n'a pas encore travaillé.

Beaucoup de temps, persévérance et continuité, voilà les principaux éléments d'un vrai stage.

Ainsi, loin de chercher à détruire ou à amoindrir les exigences de la loi, on doit appliquer son texte tel qu'il est promulgué.

C'est rendre un mauvais service aux aspirants eux-mêmes et au Notariat en général, que d'agir d'une façon différente; car c'est ainsi qu'on perpétue l'*incapacité*, cette *lèpre notariale*, qui déconsidère tant et si vite une profession qui a besoin de toute la puissance que donne une solide instruction, accompagnée d'une grande moralité.

Par toutes ces raisons, je voudrais voir admettre en principe qu'il ne s'écoulera jamais qu'un très-court intervalle entre le moment où un aspirant a terminé son stage et celui où il se présente pour être nommé aux fonctions de notaire.

Et je fais des vœux bien sincères pour que la jurisprudence suivie au ministère de la justice soit, en tout et toujours, favorable aux garanties de capacité plutôt que de tendre à se relâcher en faveur d'aspirants dont, je le répète, c'est méconnaître les intérêts bien entendus, en trahissant ainsi d'autres intérêts bien plus grands. De nombreux et terribles exemples en déposent, et réclament pour la société une sévérité de garanties qu'elle a droit d'exiger.

III.

Voici des observations qui confirment mes opinions.

Elles sont consignées dans la *Revue étrangère de Législation*, t. III, p. 750, article de M. Rigon de Berty, procureur du roi à Mantes.

Je crois devoir les reproduire ici, à cause de l'auteur, dont l'autorité me paraît fort imposante en pareille matière :

« La législation sur le Notariat n'est plus, sous quelques points, en harmonie

avec les progrès et les besoins de l'époque;
elle est surtout insuffisante pour réprimer
divers abus introduits depuis l'élévation du
prix des charges, qui a si fortement changé
la manière de vivre et d'instrumenter de
plusieurs notaires.

» Ne devrait-on pas d'abord exiger des
candidats à ces fonctions importantes plus
de garanties d'instruction ?

» 1° Dans l'intérêt des parties : car la
validité de leurs titres, de leurs testaments,
de leurs transactions, est subordonnée aux
lumières du notaire. Plus cet officier public vit isolé dans un village, plus il a
besoin de connaissances acquises, qu'il ne
peut emprunter à personne, du fond de sa
solitude. C'est un juge volontaire, qui
donne à ses actes, comme les autres magistrats, la force exécutoire; mais ce que
cet arbitre souverain a écrit et prononcé

n'est pas, comme les sentences des autres juges, sujet à l'appel. D'où naissent la plupart des procès qui rendent les propriétés incertaines, et troublent si fréquemment le repos des familles ? De la rédaction obscure ou vicieuse des actes notariés. N'est-il pas étrange d'obliger les avoués, qui ne font à eux seuls aucune opération définitive, à suivre, au moins une année, les cours de l'école de droit, et à produire un certificat de capacité, tandis qu'on ne demande aucune théorie aux notaires, ces magistrats des familles, si bien appelés par Charlemagne *judices chartularii*, dont les actes tiennent lieu de lois entre les parties?

» 2° Dans l'intérêt du notaire lui-même et de la dignité de son corps ; car la capacité exerce souvent une profonde influence sur la moralité. L'ignorance est presque

toujours la compagne de la présomption;
la présomption conduit à la légèreté, la
légèreté aux mauvaises opérations, les mauvaises opérations à la gêne, la gêne à l'indélicatesse, l'indélicatesse à tous les délits.

» Il est un moyen efficace d'assurer aux
notaires la considération dont ils doivent
être entourés : « Ce moyen, disaient, en
» 1786, les auteurs de l'Encyclopédie mé-
» thodique (partie de la jurisprudence,
» v° *Notaires*), nous le trouvons dans les
» écrits des plus grands magistrats : ce
» serait de faire une loi précise pour in-
» terdire des fonctions qui tiennent de si
» près au bonheur public, à ceux qui n'au-
» raient pas prêté le serment d'avocat, ou
» qui, pendant deux années au moins,
» n'auraient pas suivi un cours de droit. »
Cette loi fut solennellement promise par
l'orateur du gouvernement, qui vint, en

l'an XI, exposer les motifs de la loi sur le Notariat; mais, l'année suivante, la loi du 22 ventôse an XII réorganisa les écoles de droit, et il n'y fut point question des notaires.

» Le temps est venu de tenir cette utile promesse. Les améliorations apportées dans l'éducation publique, et le grand nombre de jeunes gens qui se destinent au Notariat, permettent d'*exiger* désormais des aspirants le grade de licencié en droit, ou du moins DEUX ANNÉES DE COURS DE NOTARIAT. Ainsi la théorie viendra éclairer la pratique. On ne verra plus des hommes, appelés par leur profession à diriger les affaires de leurs concitoyens, se traîner dans les voies étroites et défectueuses de la routine. »

DES TÉMOINS INSTRUMENTAIRES.

DES

TÉMOINS INSTRUMENTAIRES

APPELÉS POUR CONCOUIR AUX ACTES NOTARRIÉS.

I.

Me Serieys, notaire à Aurillac, a publié la lettre suivante, dont il m'a adressé un exemplaire.

Je la reproduis ici, suivie de ma réponse :

« Un de mes confrères de l'Aveyron,

notaire très-instruit, résidant dans le canton d'Aubin, et beau-père d'un des plus honorables magistats de la ville d'Aurillac, m'écrit pour me demander :

« 1° Si les individus repris de justice, » qui ont subi leur condamnation, et qui » sont rentrés dans la société, peuvent » être employés comme témoins dans les » actes publics ?

» 2° Si l'état de domesticité rend in-» capable aussi d'être témoin dans les » mêmes actes ? »

» Ces questions sont d'une grande importance, à cause des formalités exigées par la loi dans les actes publics, dont le défaut d'observation entraînerait la nullité, et mettrait la perturbation dans les familles.

» *Sur la 1re question*, rappelons-nous que l'art. 28 du code pénal et l'art. 4 de la constitution de l'an viii, que la charte de 1830 n'a pas abrogé, rendent incapable de figurer comme témoin dans les actes quiconque a été condamné à des peines afflictives ou infamantes, c'est-à-dire à la peine des travaux forcés à tems, à celle du bannissement, de la réclusion et du carcan. Ces individus, rendus à la liberté, à l'exception des bannis, après avoir subi leur peine, restent dans un état d'incapacité légale, résultant de leur condamnation. *La tache d'infamie imprimée sur leur front*, a dit M. Treilhard, conseiller-d'état, *ne permet pas que leur témoignage soit admis en justice.*

» Ainsi la condamnation en matière criminelle fait perdre, même au instant, à l'individu condamné sa qualité de *citoyen*. Les tribunaux, même jugeant correctionnellement, peuvent, dans certains cas, interdire, en tout ou en partie, l'exercice des droits civiques, civils ou de famille (art. 42 du code pénal).

» Cela posé, l'art. 9 de la loi organique du Notariat porte : « Les actes seront re- » çus par deux notaires, ou par un notaire » assisté de deux témoins, *citoyens fran-* » *çais*, domiciliés dans l'arrondissement » communal où les actes sont passés. »

» Et l'art. 4 de la constitution de l'an VIII dit : « La qualité de citoyen se perd par » la condamnation à des peines afflictives » ou infamantes. » L'art. 5 porte que : « L'exercice des droits de citoyen est sus- » pendu par l'état de débiteur failli, et » par l'état de domestique à gages atta- » ché au service de la personne ou du » ménage. »

» Enfin l'art. 28 du code pénal con- firme cette législation.

» Remarquons que toutes les lois promulguées depuis la constitution de l'an VIII, sans en excepter la charte, ont gardé le silence sur la forme qui donne cette qualité de citoyen; elles sont du moins fort obscures sur ce point.

» L'art. 2 de la constitution de l'an VIII voulait qu'on se fît inscrire sur le registre civique de l'arrondissement communal.

» Le code civil ne parle pas de cette formalité. Seulement, par l'art. 7, il dit : « Que
» l'exercice des droits civils est indépen
» dant de la qualité de citoyen , laquelle
» ne s'acquiert et ne se conserve que con
» formément à la loi constitutionnelle. »

» Or, cette loi constitutionnelle est toujours la constitution de l'an VIII.

» Mais cette formalité de l'inscription sur le registre civique de l'arrondissement communal n'est plus usitée depuis long-temps , et surtout depuis la révolution de juillet. Il est d'ailleurs prouvé que les maires ne tiennent aucun registre spécial pour constater cette formalité. Plusieurs arrêts l'ont reconnu.

» Telle est donc l'obscure législation qui régit cette importante dénomination de *citoyen*. Nous avons fait remarquer que la charte n'en disait pas un mot.

» Hâtons-nous de trancher la difficulté.

» Il est évident aujourd'hui que *citoyen français* est synonyme de *Français*, c'est-à-dire un homme âgé de vingt-un ans, né en France.

» Ainsi, tout Français jouit des droits civils et de la qualité de citoyen. Il n'y a d'autre restriction ou modification à cela que celle qui dérive de la loi qui permet aux tribunaux, dans certains cas déterminés, de faire perdre ou de suspendre cette qualité, comme nous venons de l'observer.

» La conquête des droits civiques, ou plutôt leur recouvrement, remonte à la révolution de 1789, qui fit revivre ces droits imprescriptibles de la nature, et détruisit pour toujours les priviléges et l'ilotisme politique.

» Mais la loi du Notariat, en parlant des témoins instrumentaires et de leur dénomination de citoyens français, n'entend pas dire que tout témoin soit électeur ; il suffit qu'il soit apte à le devenir, qu'il puisse voter dans les assemblées du peuple, et qu'il se soit fait inscrire pour le service de la garde nationale.

» A l'égard des testaments, l'exercice des droits politiques n'est pas formellement exigé, il suffit, aux termes de l'art. 980 du code civil, que les témoins soient régnicoles, c'est-à-dire nés français, majeurs et jouissant des droits civils.

» On doit induire de là que, pour les témoins instrumentaires des actes ordinaires, il faut la réunion des droits politiques et des droits civils, tandis qu'au contraire, dans les testaments, il suffit du simple exercice des droits civils, qui est indépendant de la qualité de citoyen.

» Il existe donc une différence notable, en fait de capacité, entre les témoins instrumentaires et les témoins testamentaires.

» Tel homme a la capacité rigoureusement nécessaire pour servir de témoin dans un testament, parce qu'il n'a que la jouissance des droits civils, qui ne pourrait pas être admis dans les actes ordinaires.

» Ceux donc qui ne sont que dans un état suspensif de l'exercice de la qualité de citoyen, mais qui ne sont pas privés des droits civils, sont aptes à servir de témoins dans les testaments publics.

» Cet adoucissement de la loi vient apparemment de ce que le nombre des témoins testamentaires est plus grand que celui prescrit pour les autres actes, ainsi que l'observe M. Augan dans son *Cours de Notariat*.

» Ajoutons quelques mots sur les prisonniers politiques, condamnés à la réclusion.

» Avant la restauration et la révolution de juillet, les procès politiques étaient très-rares; ils se sont fort multipliés depuis ces époques, et le nombre des condamnés est assez grand.

» Quand ils auront subi leur peine temporaire, ou ceux qui l'ont déjà subie, peuvent-ils figurer comme témoins dans les actes publics? — Pourquoi pas? S'il en était autrement, une foule de gens qui n'auraient commis que des crimes politiques, sans porter aucune atteinte à la morale et à l'honneur, victimes seulement des dissensions politiques, ou, si l'on veut, des fausses théories du jour, seraient anathématisés par la loi.

» Il serait absurde de penser qu'un Béranger, un Châteaubriand et tant d'autres illustrations, qui, je le suppose pour un moment, succomberaient en cour d'assises, fussent réputés incapables de servir de témoins, malgré les réclamations de la France entière.

» Nous estimons donc que la plupart des condamnés, renfermés temporairement dans les prisons politiques, reprendront sans transition l'exercice des droits civiques, dès qu'ils seront rendus au sein de leurs familles.

» La simple condamnation à la peine de l'emprisonnement ne fait pas perdre la qualité de citoyen. Le sacrifice de cette qualité ne peut être imposé par les tribunaux, jugeant correctionnellement, qu'en vertu de l'art. 42 du code pénal, que nous avons déjà cité.

» *Seconde question.* — « Savoir si les » domestiques peuvent servir de témoins?»

» Entendons-nous d'abord sur le mot domestique.

» La constitution de l'an VIII (art. 5) déclare que l'exercice des droits de citoyen est suspendu pour les domestiques à gages, attachés au *service de la personne ou du ménage.* Il est clair pour lors que ces individus sont incapables d'être témoins instrumentaires dans les actes ordinaires, puisqu'ils ne sont pas citoyens. Mais ils pourraient être appelés dans les testaments, car ils jouissent de leurs droits civils, d'après l'art. 980 du code civil.

» Cependant nous avons connaissance d'un arrêt contraire de la cour de Rennes, du 23 juin 1827.

» Dans le doute, il est prudent de s'abstenir d'employer pour témoins des hommes de la sorte.

» Mais ne confondons pas cette classe de domestiques à gages, attachés à la personne ou au ménage, avec les autres domestiques, tels que les *bouviers, cultivateurs et vignerons*. Ces hommes, malgré qu'ils soient payés, sont plutôt attachés à la culture des biens qu'à la personne et au ménage. L'incapacité dont la constitution de l'an VIII a frappé les domestiques à gages, ne s'étend pas à ceux qui s'adonnent aux travaux de la campagne. C'est à l'aspect du labourage et des campagnes cultivées que l'orateur romain s'écriait que rien n'était plus utile, plus doux, plus pur, plus digne de l'homme, que les travaux qui multiplient les fruits de la terre : *Nihil est agricultura melius, nihil uberius, nihil dulcius, nihil homine libero dignius.* (Cicero, *De offi.*) J'estime que ces hommes si nécessaires, si utilement occupés, peuvent servir de témoins dans toute espèce d'actes.

» Mais à quels signes et par quels moyens le notaire reconnaîtra-t-il la capacité et l'état des témoins? Comment pourra-t-il se mettre à l'abri des surprises, dans les villes surtout qui comptent une grande population ? Exigera-t-il un certificat du maire du domicile, constatant que le témoin jouit des droits de citoyen? La loi est muette là-dessus. — Mais l'erreur ou la bonne foi commune pourront-elles excuser le notaire, et couvrir la nullité de l'acte résultant de l'incapacité du témoin, découverte après coup, d'après la maxime triviale : *Error communis facit jus?* Cette question est très-controversée. Il serait cependant nécessaire que le notaire et le public fussent avertis, car une publicité vague par la notoriété publique ne suffirait point. — Ce serait une déception aussi de supposer que le notaire connaît les antécédents du témoin et les arrêts de condamnation rendus souvent à cent lieues de sa résidence.

» Devra-t-il du moins interpeller le témoin sur sa position actuelle, et lui faire déclarer s'il n'est pas en état de faillite, s'il n'y a pas eu de condamnation criminelle portée contre lui? — Questions singulières qui blesseraient et ne prouveraient absolument rien, et qui rappellent celles que la loi impose aux présidents des cours d'assises, lorsqu'ils demandent au témoin appelé pour déposer, fût-il pair de France, ministre, ou prince, de dire s'il n'est pas le domestique de l'accusé.

» Pour sortir de cette perplexité, il serait à désirer que MM. les procureurs du roi fussent chargés d'adresser aux notaires de leur arrondissement les noms et prénoms des individus privés de la qualité de citoyen. — Chaque notaire en tiendrait note particulière.

» Terminons cette dissertation. N'oublions pas que de l'accomplissement des formalités dépendent l'existence et l'exécution des conventions, le repos et la fortune des citoyens ; et sous ce rapport seulement, l'influence du Notariat dans la société serait indubitable. — Les actes nuls et les conventions mal rédigées amènent les procès, et les procès ruinent les familles. Les individus ruinés figurent dans les émeutes. — Un acte nul ou vicieux est une *plaie sociale*, a dit *M. Cellier*, notaire à Rouen, dans sa *Philosophie du Notariat*. — Et, sous ce point de vue, il a eu grandement raison de dire que le *Notariat est la pierre angulaire de l'édifice social*.

» J'ai cru, Monsieur, que la publicité de ces questions pouvait être de quelque utilité, à cause de leur grande importance.

» **J.-J.-S. SERIEYS,**
»Notaire à Aurillac.»

II.

Grâces vous soient rendues, Monsieur et cher collègue! Vous avez eu une bien bonne idée de rendre publique votre dissertation sur deux questions de droit fort importantes et qui en soulèvent beaucoup d'autres.

J'ai lu avec grand plaisir la lettre que vous avez fait insérer dans l'*Echo du Cantal,* et dont un exemplaire m'est parvenu ici par vos soins.

Il est enfin venu, le temps où les notaires ne doivent plus se borner au simple
rôle de scribes des parties contractantes
qui emploient leur ministère. La routine
en avait fait des hommes d'une utilité purement pratique, d'une nécessité matérielle. Il fallait, pour ainsi dire, qu'un notaire renonçât à sa propre intelligence, et
s'appliquât exclusivement à rendre *imparfaitement* des conventions qu'il n'était pas
en état de comprendre dans toute leur
étendue, et que, la plupart du temps, l'on
ne savait même pas lui bien expliquer.

Mais aujourd'hui les intérêts se multiplient et se diversifient, pour ainsi dire, à
l'infini : le Notariat doit donc occuper
une place importante dans l'harmonie
sociale. Il se rattache à tout : les notaires
doivent donc être en état de tout comprendre, pour être à même de tout expliquer dans leur sphère d'activité.

Vous rappelez avec justesse, clarté et précision, que les actes de notre ministère sont assujettis à des formalités de détail qui sont peu de chose en apparence, et qui pourtant peuvent avoir des conséquences de la plus haute importance.... quelques fois désastreuses.

Il y a donc, pour chaque partie contractante qui veut vivre en sécurité, la double nécessité : 1° de veiller à l'accomplissement des formalités obligatoires pour la validité de l'acte qu'elle souscrit ; 2° de s'assurer si celles qui étaient exigées pour les actes antérieurs, par suite desquels on traite de nouveau, ont aussi été régulièrement accomplies : il faut donc, à chaque contrat nouveau, se faire représenter les pièces justificatives à l'appui de toutes les énonciations qui ont déterminé la conclusion de toute opération quelconque....

La forme souvent emporte le fonds. C'est je crois une nécessité malheureuse qu'il en soit ainsi, car il faut que des règles générales tracent à chacun une marche uniforme pour tous les cas analogues qui peuvent se rencontrer. Et ces règles doivent être inflexibles.

Mais il est bien déplorable que les formalités soient parfois poussées jusqu'à la minutie, je pourrais dire jusqu'au ridicule, même à l'absurde.

Les notaires sont dans la nécessité de comprendre tout un ensemble de législation, pour être en état de bien accomplir tous les devoirs de leur profession. Mais, en se soumettant aux exigences de la loi et des réglements qui prescrivent telles ou telles formalités, il leur incombe d'en examiner et d'en critiquer les dispositions. Tout en obéissant à la règle, ils doivent la discuter, pour appeler l'attention du législateur sur les réformes utiles et avantageuses qu'il serait bon de faire subir à cette règle, ou pour la justifier auprès de ceux qui n'en comprendraient pas les motifs. Pour qu'une loi soit bien exécutée, il faut qu'elle soit parfaitement connue, afin que chacun s'y soumette sans répugnance.

Je regarde comme indispensable la *révision*, assez fréquente et bien entendue, *des lois*, pour les maintenir en harmonie avec les mœurs, ce qui est de la plus grande nécessité.

Et dans cette révision je trouve l'avantage de la *simplification*.

Plus on examinera les lois positives, plus on reconnaîtra qu'elles doivent être conséquentes aux lois naturelles. Or, il n'y a rien de plus simple que ces lois, sous une apparente complication. Les ouvrages de la nature, dit Buffon , ne sont si parfaits que parce que chaque ouvrage est un tout, et qu'elle travaille sur un plan éternel dont elle ne s'écarte jamais.

Cette s'implification nous conduirait nécessairement à l'unité et à l'esprit de suite , dernier terme de la perfectibilité humaine.

Malheureusement, nous sommes loin de cette unité et de cet esprit de suite si désirables et tant désirés. A eux nous devrions une véritable harmonie sociale, qui deviendrait une cause d'immense prospérité publique et de bonheur individuel. Je ne sais si nous y parviendrons ; je le crois , quoique nous en soyons peut-être encore à une distance incommensurable, surtout si nous faisons attention au reproche de légèreté que, de toutes parts et de tous temps, l'on nous a adressé. L'auteur brillant que vous nommez dans votre lettre prétend qu'en France :

Nous faisons tout par génie et par inspiration, mais que nous mettons peu de suite à nos projets.

En attendant, je regarde comme vicieuses les lois qui règlent les deux questions que vous avez traitées dans votre lettre.

Le défaut d'application de ces lois peut nuire beaucoup. Avoir rappelé la nécessité de s'y conformer, c'est avoir rendu un service à ceux qui auraient pu n'y pas attacher assez d'importance. Voilà pour l'exécution, pour la mise en pratique.

Mais, en remontant plus haut, on trouvera des objections à faire contre cette prescription légale.

Ainsi, quant à la *première question*, relative au témoignage des individus repris de justice qui ont subi leur condamnation, je trouve qu'il y a injustice et même barbarie à le rejeter.

Il y a trop loin de ces paroles de M. Treilhard :

La tache d'infamie imprimée sur leur front ne permet pas que leur témoignage soit admis en justice ,

A un bon système pénitentiaire, pour qu'une telle maxime inspire maintenant un grand respect.

Car, si l'on veut réfléchir et raisonner en l'absence de toute prévention et de toute passion, que nous présente la société? Le voici :

Des hommes raisonnables et d'autres qui n'ont pas l'esprit sain, et puis des dupes et des fripons.

Eh bien ! de même que les actes de folie

sont le résultat d'un esprit aliéné, les actes de friponnerie sont le produit d'une mauvaise conscience. Combien de crimes sont aussi considérés comme des actes de folie, et ne sont en effet que cela !

Je pense que les actes de folie et les actes que les lois répriment ont leur cause dans une fausse appréciation des faits et dans un vice de raisonnement ou une dépravation de l'intelligence. C'est ce qui a fait dire à Franklin que, si les fripons pouvaient apprécier la vertu, ils seraient vertueux par friponnerie.

Aussi, le traitement des aliénés et l'application d'un bon système pénitentiaire ont-ils une grande analogie.

Assurément, après l'avoir guéri radicalement dans une maison de santé, on rendra à la liberté, on réintégrera dans la société un homme qui, pendant ses accès de folie, aurait commis certains crimes. Il ne cessera pas d'être bien vu dans le monde : on le plaindra...

Or, celui qui, par une fausse vue prospective ou par une nécessité impérieuse (comme Claude Gueux, qui a inspiré de si belles pages à Victor Hugo), aura commis un crime, et que l'on aura enfermé pendant un certain temps dans une maison de correction, qui n'est qu'une *maison de santé morale*, celui-là ne devra-t-il pas sortir de son épreuve de la même manière et avec les mêmes avantages que l'aliéné? Tous deux seront guéris : l'un aura satisfait aux lois de précaution, l'autre aux lois de répression; la peine subie, la santé revenue, il ne doit rester qu'un souvenir de pitié pour plaindre les malheureux qui ont été victimes d'actes d'aberration dans lesquels on regarde qu'ils ne doivent plus retomber.

Que si, au lieu de réhabiliter l'homme puni qui a satisfait aux lois de la société, on le rejette de son sein, il sera forcé de se mettre de nouveau en révolte contre elle...

Pour ce qui est de la *seconde question*, relative aux domestiques et à la distinction des actes où ils peuvent ou non être admis comme témoins, je trouve que l'idée de les repousser totalement, ou de distinguer est encore plus malheureuse que pour les repris de justice... Car, ici, vous punissez des hommes de bon sens et de bonne conscience; vous leur faites un reproche de leur état ou de leur naissance. Il n'y a point d'hommes occupés inutiles. La condition ne fait rien.

Quant à la naissance, je ne veux que rappeler ces paroles de Massillon :

On ne pense pas, quand on s'applau-

dit de l'éclat des ancêtres et de l'antiquité
du nom, que plus haut il nous fait remon-
ter, et plus il nous approche de notre boue!

Eh quoi! la charte dit que les Français
sont égaux devant la loi, et tous les Français ne peuvent pas être employés comme
témoins dans les actes civils! Qui sont ceux
que l'on prive de ce droit? Des domestiques,
entre autres. Et pourquoi? Parce que l'on
suppose qu'ils n'ont pas assez d'indépen-
dance. Mais qui donc est indépendant
dans le monde? Plus on s'élève, plus il y
a de chances pour descendre dans l'échelle
de la conscience. On trouve toujours à
s'occuper comme domestique, tandis que
bien des talents restent oisifs et méconnus.
C'est l'ambition qui tue l'homme et le rend
vicieux. La condition humble ne produira
pas de si mauvais résultats, à moins que,
par un mépris insolent, les maîtres ne

dégradent leurs domestiques. Une oppres-
sion qui pèse tous les jours et à chaque
instant sur un homme, quel que soit son
rang, finit par l'abrutir ou l'avilir. Veut-
on des hommes vertueux, il faut d'abord
les rendre heureux.

Ah! dit Mme de Staël, que le cœur est
bon! qu'il est pur! qu'il est enthousiaste
alors qu'il est heureux!

Il y aurait peut-être une objection rien
moins que sérieuse suivant moi : c'est le
défaut de domicile fixe des hommes à
gages.

Mais ils ont le même domicile que leur
maître; il y en a qui restent vingt et trente
ans dans la même maison. Et puis comment expliquer la ridicule distinction qu'on
établit entre les domestiques attachés à la
personne ou au ménage, et ceux employés
aux travaux rustiques ou agricoles? Quelle

différence peut-on établir entre celui qui
soigne les chevaux de maître et celui qui
soigne et fait travailler les chevaux de char-
rue?... En vérité, cette distinction me
paraît hors de sens : valet n'est que valet;
ou mieux, homme n'est qu'homme. Ce
n'est pas l'habit qui fait le moine, dit le
proverbe; c'est pourquoi il se rencontre
parfois plus de noblesse dans la basse-cour
ou dans l'antichambre qu'au salon. A
chacun selon ses œuvres. Les lois humaines
ne doivent point insulter aux lois divines,
si elles veulent nous en conserver le bienfait.................................

H. CELLIER,
Notaire à Rouen.

DE LA RÉVISION DES LOIS.

COORDINATION ET RÉVISION

DES LOIS.

> Il faut se hâter d'abroger les lois
> usées par le temps, de peur que
> le mépris des lois mortes ne re-
> tombe sur les lois vivantes.
>
> **MIRABEAU.**

C'est sous l'empire des nécessités auxquelles est subordonnée sa frêle existence,
et pourvu des moyens que la nature a
mis à sa disposition pour s'y soustraire,

que l'homme vient prendre sa place dans la chaîne des êtres.

La condition première de cette existence, la première des obligations qui nous soient imposées, c'est donc l'emploi de tous les moyens propres à la conservation de l'individu qui a reçu le jour. Autrement :

A côté des *besoins* et du *droit* à leur satisfaction, se trouvent placés les moyens d'y pourvoir ; et c'est un devoir impérieux de se conformer aux exigences des lois naturelles.

Ainsi, *besoins* et *moyens*, ou *droits* et *devoirs*, se correspondent toujours.

Or, en recevant la vie, l'homme a droit à sa conservation. Et c'est ce droit respecté qui porte tout être éclairé, sensible, à protéger l'existence de l'enfance, à l'entourer de soins tendres et multipliés. On voit même certains animaux ne lui pas refuser leurs empressements!

Les devoirs de chacun étant en raison directe des moyens dont il peut disposer, l'homme fort doit protection à la faiblesse. Il en est ainsi, parce que l'individu faible, privé de secours, périrait bien vite.

Ce devoir, on est obligé de le remplir, car l'être faible et souffrant a droit à sa conservation, puisqu'il a été créé pour vivre.

Quant à l'enfant, par la raison que ses moyens sont presque nuls d'abord, et ensuite bien circonscrits, il n'a guère que des droits. Se trouvant, pour ainsi dire, dénué de moyens, il ne peut être astreint à des devoirs étendus. Et le sentiment de cette privation augmente sa faiblesse morale : il est d'autant plus timide, qu'il se sent plus faible.

Aussi, dès l'instant qu'il peut réfléchir, il jette autour de lui un regard d'inquiétude et même d'effroi. Exposé au choc de tant d'êtres divers, par instinct, il cherche la protection d'êtres plus forts que lui, qui puissent le garantir contre les atteintes qu'il redoute. Cette protection, que naturellement il trouve auprès des auteurs de ses jours, lui offre aide et secours, jusqu'au moment où, livré à lui-même, il décidera de sa destinée en arbitre souverain.

Plus tard, disons-nous, il devient homme! Alors il a des devoirs immenses à remplir, par la raison que ses moyens peuvent acquérir un développement immense! Alors l'isolement vient remplacer les craintes de l'enfance; alors le besoin d'une règle pour diriger ses actions, se fait sentir dans toute son étendue. Car que devenir? Comment oser faire un pas sans redouter de s'égarer!

Mais, si, au moment où la raison nous arrive, l'appui de la paternité nous échappe, une protection tutélaire vient nous offrir un guide et un asile sûrs contre les écarts de l'imagination, contre la fougue des passions de nos semblables. Cette protection, nous la trouvons dans la loi. C'est elle qui désormais va régler notre conduite, et nous couvrir de son égide.

Mais, si, dans sa bienfaisance, la loi protège, n'oublions pas qu'elle est inflexible lorsqu'il s'agit de punir!

Pour avoir droit à sa protection, et pour éviter le châtiment qu'elle réserve aux méfaits, il faut donc connaître les dispositions de cette loi sévère : connaissance indispensable à tout homme soumis à son empire, puisque

NUL N'EST CENSÉ IGNORER LA LOI !

C'est là une fiction sans doute des plus

heureuses dans ses résultats pour la possibilité d'un gouvernement quelconque. Sans elle, toute administration serait à jamais bannie des sociétés humaines.

Mais cette fiction si avantageuse engendre d'effrayants désastres lorsqu'il s'agit d'en faire l'application. En effet, comment prendre pour règle des actions de malheureux administrés, qui ne savent même pas lire, une loi dont ils n'ont pu acquérir aucune connaissance, si elle leur est révélée par un mode de promulgation imparfait? Pour eux, son existence est un mystère. Aussi, cette fiction, réduite à elle-même, fait du législateur un jongleur, un charlatan [1].

---

[1] Il faut donc absolument un supplément à la presse, une voix qui, par sa nature même et par le caractère de la personne, rende la loi vivante et respectable : cette voix devrait être la prédication. Dès qu'au lieu de plusieurs histoires fort

Pourtant elle est de première et de toute nécessité. Car, de même que l'homme ne peut enfreindre les lois de la nature ni s'y soustraire, à moins d'encourir une punition certaine et quelquefois sa destruction complète, de même aussi il est indispensable qu'il soit forcé de se soumettre aux lois positives, conséquentes aux premières, sous peine d'une inévitable punition, et, si l'on veut plus, de son anéantissement total. Autrement la société serait dans une continuelle perturbation, qui rendrait son

peu populaires, les curés expliqueraient, dans chaque jour de fête, un titre essentiel de la législation, et tous les jours un chapitre du code, les mœurs publiques recevraient une amélioration que, ni l'école, ni le catéchisme n'ont jamais pu produire. Cependant la presse et la prédication n'imprimeront pas dans l'esprit des citoyens le sentiment de leurs droits et de leurs devoirs, tant que l'action de l'une et de l'autre ne sera précédée de l'enseignement élémentaire et accompagnée de l'enseignement scientifique.

(*Etudes Législatives*, par J. N., page 161.)

existence précaire, et finirait par la détruire.

Il ne faut pas qu'un administré puisse
chercher une excuse dans son défaut de
connaissance de la loi; car chaque accusé
ne manquerait pas de réclamer un brevet
d'ignorance, et alors, le moyen de con-
vaincre un homme de savoir!....

Mais si tout homme en société doit obéir
à la loi de son pays, c'est à la condition
bien impérieuse qu'il lui sera fourni les
moyens de la connaître.

Aucune puissance n'est en droit de se
soustraire à l'accomplissement de cette
obligation; condition première de son établissement et de son maintien en harmonie
avec ses administrés. Nul doute que personne ne s'avisera d'approuver les exigences de lois clandestines!...

Mais, pour arriver à donner, à tous ceux
qu'elle intéresse, cette connaissance entière

de la loi, il faut le concours de plusieurs circonstances :

Et d'abord, c'est de réunir toutes les lois en vigueur dans un seul livre, corps de droit universel, connu de tout le monde, et qu'il soit facile à chacun de se procurer à volonté;

Et ensuite, à mesure qu'une loi en modifie une déjà existante, de refondre et coordonner entre elles toutes les dispositions qui subsistent d'une loi abrogée en partie et les dispositions nouvellement promulguées;

Enfin de réviser assez souvent toutes les lois, pour les tenir toujours en harmonie entre elles et avec les mœurs et les besoins de la société qu'elles doivent régir.

Le soin de réunir toutes les lois en vigueur, et d'en publier un recueil complet,

ne doit point être abandonné aux spéculations de la librairie. C'est à l'administration qu'il est confié; c'est elle qui doit se
l'imposer. Instituée pour veiller à l'exécution des lois, il faut qu'elle veille à ce
que l'on soit à même de les parfaitement
connaître; qu'aucune équivoque ne puisse
se glisser dans leur texte.

Or, toute édition qui n'est point authentique ne devrait pas être admise dans
commerce de la librairie, car il en peut
résulter des inconvénients très-graves. Il
arrive souvent qu'on y rencontre des
inexactitudes typographiques en assez
grand nombre [1]; et, il en résulte quelquefois des non-sens et des contre-sens qui
peuvent faire naître des erreurs très-pré-

[1] *Huit Codes*, édition de 1833, art. 131 : il est dit
consentement, au lieu de *conseil*.

judiciables, surtout dans l'esprit des étudiants et des gens inexpérimentés.

On me dira : Il existe un *Bulletin des
Lois*. Je le sais; mais cette publication est
peu suivie; d'ailleurs, elle a l'inconvénient
d'être assez dispendieuse, et surtout d'o-
bliger à consulter un grand nombre de
volumes. Les lois y sont présentées dans
un ordre chronologique; c'est tout simple,
et il n'en peut pas être autrement.....
tandis qu'il faudrait les présenter dans un
ordre systématique; ce qui faciliterait les
recherches : car on ne serait pas forcé de
consulter ce grand nombre de volumes,
qui fait, de la réunion confuse de toutes
les lois, un chaos inextricable, même pour
ceux dont la profession est de les appliquer. Cette réunion volumineuse renferme
d'ailleurs une infinité de lois qui n'existent
plus, ou ne sont en vigueur que pour

quelques-unes de leurs dispositions seulement : et c’est là l’écueil contre lequel
viennent se briser les efforts de l’intelligence et de la patience humaine. Il est difficile de bien faire le choix des dispositions
en vigueur et des dispositions abrogées,
pour n’avoir égard qu’aux premières dans
l’application ; et pourtant il faut se conformer à la nécessité d’étudier les dispositions inutiles, afin de pouvoir se bien
pénétrer de tout l’ensemble de la loi qui
n’a plus de valeur que pour quelques lambeaux : condition sans laquelle on ne pourrait être bien sûr d’entendre chaque disposition particulière.

Voilà une opération longue et ennuyeu-
se, une opération presque en pure perte,
et dont pourtant on ne peut pas se dispenser. Car, si l’on voulait s’affranchir de
ce soin, on risquerait de s’égarer dans une

fausse route; on ne saurait pas le motif qui a déterminé à porter cette loi dont on conserve une disposition isolée : et chacun sera bien d'accord de ce fait, qu'on ne peut bien interpréter une disposition spéciale que par la connaissance acquise de tout l'ensemble. Tous les articles d'une loi s'expliquent, s'interprètent les uns par les autres. Ils n'ont d'appui que celui qu'ils se prêtent mutuellement, après l'avoir reçu de la disposition générale; et, de même que cette disposition donne naissance aux idées que renferment les divisions et subdivisions, c'est de ces idées particulières qu'elle tire son existence.

Pour qu'une loi soit d'une application facile, il faut qu'elle puisse être bien connue : et, avant de penser à la bien connaître, pour l'appliquer, il faut d'abord la comprendre dans son ensemble et dans ses

détails les plus minimes. Nul doute là-
dessus. Or, pour l'étudier, il faut d'abord
savoir qu'elle existe; et c'est ce qui n'arrive pas toujours : car la grande difficulté
pour l'étudiant, c'est de se procurer les
lois, et encore plus leurs motifs promulgués et les discussions auxquelles elles ont
donné lieu.

« Il est des temps où l'on est condamné
» à l'ignorance parce qu'on manque de
» livres; il en est d'autres où il est difficile
» de s'instruire parce qu'on en a trop [1]. »

Et d'ailleurs il est des lois qui sont
presque complètement ignorées : il est
même arrivé que l'on ait voulu exciper de
lois ou ordonnances qui n'avaient pas été
insérées au *Bulletin des Lois*.

Sans doute, c'est une bonne fortune

[1] M. Portalis.

pour un avocat de pouvoir citer, en présence des juges, une disposition législative
peu ou point connue de son adversaire.
Elle est favorable à sa cause; il la gagne :
honneur à sa sagacité, à son courage, à sa
persévérance; et ce serait peut-être le cas
de lui appliquer la maxime de La Rochefou-
cauld : Que l'on étudie non-seulement par
amour de la science, mais aussi pour savoir ce que les autres ignorent : profana-
tion de la science!... Mais alors, honte à
l'administration, si elle ne veut pas rendre
familière à tout le monde la connaissance
des lois dont le dépôt lui est confié !

Pour arriver à ce but, il faudrait que
la réunion, en un seul recueil, de toutes
les lois en vigueur, fût faite et publiée par
les soins de l'administration. Les éditions
en devraient être correctes et surtout d'un
prix peu élevé, pour en faciliter l'achat à

toute personne qui aurait le désir de les consulter. Bien certainement, chaque député s'empresserait de voter la partie du budget où figurerait la dépense que pourrait occasionner cette publication à bon marché.

Moins une loi est répandue, plus elle demeure obscure. C'est en inondant les administrés de lumières législatives que l'on favorise l'application des lois. La connaissance qu'on en a les rend familières. On s'accoutume aux idées qu'elles renferment; et alors, plus de difficultés pour leur exécution, puisque l'on en comprend et le motif et le texte, par la fréquente répétition qui se fait de leur esprit : chose bien importante! Car, suivant l'expression du célèbre d'Aguesseau : « Le temple de la » Justice n'est pas moins consacré à la » science qu'aux lois, et la véritable doc-

» trine, qui consiste dans la connaissance
» de l'esprit des lois, est supérieure à la
» connaissance des lois mêmes. »

Dans la facilité de se procurer à point
nommé toute loi dont on aurait besoin, se
trouverait un autre avantage immense. On
s'épargnerait une énorme perte de temps.
Et toutes les heures consommées en vaines
recherches seraient fructueusement employées à l'étude des textes qu'on saurait
toujours retrouver à volonté.

Et par cette autre facilité de pouvoir
s'apesantir, au besoin, sur chaque texte
de loi, et de pouvoir à-la-fois jeter un seul
coup-d'œil sur l'ensemble des lois en général, puisqu'elles seraient réunies dans
un seul corps, dégagé des lois qui ne sont
plus en vigueur, on ferait forcément la
comparaison de toutes les lois entre elles;
on serait amené à les débarrasser des dis-

positions abrogées, et à coordonner le tout ensemble. Cela serait le résultat de la simple habitude de tout voir, et de le voir fré-quemment.

Mais il ne faut pas perdre de vue que c'est là encore une opération qui serait du ressort d'une commission nommée par l'administration, et qui agirait sous sa surveillance.

Une fois toutes les lois réunies, l'important, c'est de les refondre, de les harmoniser entre elles.

Pour en acquérir la preuve, quelques réflexions suffisent :

Toute loi dispose pour un ensemble de choses qui forment un tout, une réunion d'idées qui composent un être moral, dont l'existence n'est assurée qu'autant qu'il est complet dans toutes ses parties.

Et deux choses, dont l'une contrarie ou

anéantit le développement ou le libre exercice de l'autre, ne peuvent pas exister simultanément. Il faut, pour que l'existence
de l'une soit complète, faire que l'autre
disparaisse.

Or, il n'est donc pas pardonnable de
dire : *La loi antérieure à celle que l'on
promulgue aujourd'hui est abrogée en
tout ce qu'elle a de contraire à la présente ;* car il n'y a plus deux existences
complètes de choses distinctes. Chacune a
le droit de réclamer la préférence, puisqu'elles sont en concurrence. Si l'une ne
détruit pas l'autre, il n'y a pas de tout
complet, mais seulement deux portions
de choses dissimilaires, et qui, par conséquent, ne peuvent être réunies ou addi-
tionnées pour former un ensemble.

Et, comme c'est par l'ensemble d'une
loi que s'expliquent toutes ses dispositions

particulières, pour en bien saisir l'esprit, il faut donc l'étudier dans son entier , en examiner tous les motifs , bien qu'elle ne soit plus en vigueur que pour une faible partie de ses dispositions.

Mais cette loi, que tout-à-l'heure nous avons présentée comme un être complet, et celle nouvellement promulguée, qui doit aussi présenter l'image d'un être complet pour être bonne, ces deux lois se contrarient donc, et ne peuvent donc pas exister simultanément, puisque l'une, destinée à remplacer l'autre, la destitue, et fait que cette dernière n'est plus que l'ombre d'elle-même.

Puisque toute loi doit présenter un ensemble complet, ne s'appuyer que sur une seule volonté, sur un fait unique et sur les dispositions qu'elle renferme en elle-même, il ne faut donc pas lui prêter un

secours étranger, en laissant matérielle-
ment exister une autre loi à laquelle elle
soit obligée d'emprunter une de ses dispositions.

Car, autrement, la loi réelle, qui doit
exister comme abstraction ou comme amal-
game de dispositions en concurrence, cour-
rait le risque de n'être jamais bien appréciée.

Il est bien plus simple de faire entrer,
dans le cadre général de la loi nouvelle,
la disposition conservée et prise d'une loi
ancienne. Elle y entre par le fait ; la force
des choses le veut ainsi. Elle y est virtuel-
lement incorporée, mais non d'une façon
matérielle.

Et cependant, pour toute personne qui
a réfléchi sur l'influence que les signes
exercent sur les idées, il n'est pas douteux
que rien n'est si mal entendu que de pré-

senter, dans deux textes distincts, des idées existantes en un seul faisceau. Cette manière d'opérer présente l'inconvénient très-grave de créer des difficultés à peine surmontables , puisqu'il s'agit de réunir, par la force de la pensée, dans sa mémoire , *deux textes* qui n'en devraient faire qu'un. Cette opération intellectuelle est indispensable pour examiner avec fruit tous les éléments qui les composent, et dont l'abstraction doit servir à instituer un jugement auquel il est important de donner la plus grande rectitude. Et ces difficultés ne prennent pas seulement leur source dans la division de textes qui devraient être réunis ; elles se trouvent de beaucoup augmentées par l'embarras qu'y ajoutent toutes les inutilités de dispositions abrogées. Pour voir juste, il faut bien examiner l'objet dont on s'occupe, et pouvoir s'y arrêter long-temps. C'est ce qui a fait demander par Bentham, dans sa *Tactique des assemblées délibérantes*, que les textes de chaque motion en discussion fussent en permanence dans la salle des délibérations....

« La simple lecture d'une motion, dit-il, ne peut en donner qu'une connaissance imparfaite et fugitive... Dès que les mots ne sont plus présents à la mémoire, on est en danger de tomber dans des méprises... Il n'y a pas un moment, dans le cours du débat, où chaque membre n'ait besoin de connaître la motion et de *pouvoir la consulter*, soit pour faire une application juste de ce qu'il entend, soit pour prendre une part active à la délibération. Cette connaissance est pour lui de première nécessité, soit qu'il agisse comme juge, en donnant son suffrage, soit qu'il agisse comme avocat, en parlant pour ou contre. »

A plus forte raison, est-il important de refondre les lois qui s'empruntent mutuellement des dispositions en vigueur parmi des dispositions abrogées...

Et une fois les lois ainsi réunies, coordonnées et refondues ensemble, on arrivera tout naturellement, par une série d'idées logiquement déduites les unes des autres, à la révision assez fréquente de toutes les dispositions législatives. Cette révision une première fois faite, elle deviendra ensuite une opération peu difficile.

Mais, d'abord et avant tout, l'important est de réunir, ensuite de coordonner et de refondre ; après quoi il sera fort aisé de *réviser*. Mais il ne faudrait pas s'arrêter en chemin ; il faut conduire cette grande opération jusqu'à son dernier terme, et s'en occuper toujours.

Ainsi, soit tous les cinq ans, soit tous les

dix ans au plus tard, il faudrait publier une nouvelle édition authentique du recueil complet de toutes les lois en vigueur ; édition dans laquelle on ferait soigneusement entrer toutes les lois nouvellement promulguées, et dont on aurait grand soin aussi de faire disparaître toutes les lois ou dispositions spéciales abrogées.

Et, d'ailleurs, le législateur, une fois habitué à refondre toutes les dispositions qui doivent concourir à l'établissement d'une loi, ne ferait plus de promulgations incomplètes. Au lieu de renvoyer aux dispositions d'une loi déjà existante, on introduirait dans la nouvelle loi, par la simple opération d'une transcription matérielle, toutes les dispositions conservées d'une loi ancienne. Si, par exemple, comme cela se voit, on conservait seulement quelques articles d'une loi assez étendue, au lieu de dire : *Pour tout ce qu'elle a de contraire à la présente, la loi de tel jour est abrogée,* en composant la nouvelle loi , on y ferait entrer ces articles conservés ; et alors on déclarerait purement et simplement que la loi dont on n'a conservé que quelques dispositions , ainsi encadrées , est abrogée dans son entier. Ce serait une affaire finie. On ne s'occuperait plus de cette loi que comme d'un simple fait historique. Elle n'exercerait plus , à l'avenir , aucune influence sur la conduite des particuliers, ni sur la décision des juges , pour des actes postérieurs à sa promulgation.

Mais, en admettant qu'à chaque *promulgation* de loi, il n'y eût pas la *fusion* si importante dont nous nous occupons, cette opération ne manquerait pas d'avoir lieu lors de chaque révision *quinquennale* ou *décennale,* qui serait rigoureusement faite. Et, au moyen de la réunion et de l'inser-

tion de toutes les lois seulement en vigueur, dans le recueil général, on n'aurait
plus besoin du *Bulletin des Lois* que depuis l'époque de la publication de la plus
récente édition de ce recueil. Et ces diverses
éditions périodiques présenteraient une histoire exacte de la législation du peuple chez
lequel ce genre de travail, si facile d'ailleurs, une première fois fait, serait soigneusement exécuté... Les lois sont la plus
fidèle image des mœurs d'une nation ; ce
serait dans ces recueils que l'on trouverait
son histoire morale, en s'aidant des recueils
de motifs promulgués.

De cette manière, toute personne pourrait se familiariser avec les idées en apparence si ardues, de la législation que chacun
est intéressé à bien connaître.

Et, avec le système d'une fréquente *révision* ou action de *revoir* souvent les lois,

on arriverait facilement à en faire comprendre les motifs, la sagesse et toute l'importance, à ceux qui les reçoivent comme
règle de leur conduite. Elles ne seraient
plus en dehors du cercle ordinaire des
idées vulgaires. On s'en occuperait forcément et on s'y arrêterait sans répugnance
d'abord, et ensuite avec plaisir. Car qui
ne désire d'avoir sous les yeux, pour lui
servir de règle, une ligne fixe et bien
tracée qu'il puisse suivre avec toute sécurité ?

Mais ce mot de révision peut donner
l'éveil à des susceptibilités. Peut-être dira-
t-on : Il ne faut pas toucher à la pierre
fondamentale de l'édifice ; il ne faut pas
changer souvent les lois ; leur fréquente
révision amenerait de perpétuels renver-
sements, des perturbations continuelles
qu'il faut éviter : on n'aimerait plus une

loi, sachant qu'elle doit changer; on ne s'y affectionnerait pas : on ne s'attache qu'à ce qui présente un caractère de stabilité qui annonce une longue durée...

Eh! mon Dieu! rien de tout cela ; pure chimère !

D'abord, entendons-nous. Il ne s'agit pas des lois fondamentales, des lois constitutives , quoique je ne puisse pas me figurer qu'elles eussent à redouter l'épreuve de la révision. Mais les publicistes ont proclamé qu'un peuple ne doit pas toucher souvent à sa constitution... Mais c'est là de la politique, et mon intention n'est pas d'en faire. Je ne veux ici m'occuper que de législation ; et on sait que les lois constitutives forment une classe à part, un code particulier.·

Cela étant dit, prenons bien garde que *réviser* une loi n'est pas la *changer*. Il est telle loi qui peut subir vingt révisions dans un siècle, et ne jamais éprouver un seul changement, pas même la moindre modification.

Au surplus, sans acception aucune, et sans nous occuper de la destinée de telle ou telle loi, ni nous enquérir du sort qui l'attend, jetons un coup-d'œil sur la loi en général.

Or, qui dit loi (positive), dit la liaison d'un effet à sa cause, ou, si l'on veut, la déclaration d'un fait ; j'ajoute, d'un fait vrai. Car autrement la loi n'est qu'un brigandage intolérable : toute loi qui s'appuierait sur un fait faux serait sans appui ; elle n'en aurait un que dans le cerveau de celui qui aurait inventé le mensonge ; elle serait elle-même un fait sans cause ; elle n'aurait qu'une existence éphémère.

Mais par un fait vrai, on entend donc la réalisation de cette abstraction : *Vérité.*

Et là-dessus je dis :

« Tôt ou tard la vérité surgit et surnage! Elle seule mérite de dominer. Mais vouloir la faire régner par la force serait le plus sûr moyen de la rendre odieuse. Elle veut être présentée avec des formes douces et sous des couleurs simples comme elle. Car il est naturel à l'homme de faire effort pour résister à tout ce qui lui paraît une cause de souffrance. Par instinct, il découvre ce qui peut lui être nuisible; et, dans le langage acerbe des hommes passionnés, qui prétendent corriger avec amertume, il aperçoit avant tout cette âpreté choquante qui irrite, conduit à la colère, à l'indignation, et met l'esprit dans un état d'agitation tel, qu'il ne voit plus que la partie saillante et ardue de l'avertissement qu'on lui donne. Aussi, il ne se corrige pas : il résiste ou se décourage. »

Or, j'ai la conviction, et je le dis à la louange de l'humanité, que chacun aime ou doit finir par aimer la vérité.

Pour cela, il suffit, je crois, de la faire bien connaître.

Et de là je tire cette conséquence : Toute loi qui ne sera pas un mensonge, gagnera à être connue.

Ainsi, l'action de réviser ou revoir souvent une *loi* ou *vérité* (deux mots qui à jamais devraient être synonymes) ne peut que la faire aimer davantage, ne peut qu'assurer son triomphe, et combler les vœux du législateur qui aurait eu l'intention de présenter un ouvrage immuable.

Puisque la vérité est éternelle, qu'elle est de tous les temps et tous les lieux, toute loi qui sera la déclaration d'un fait vrai, sera impérissable comme la vérité qu'elle proclame !

Un dernier mot. Les besoins de la société varient, c'est incontestable. Or, la loi, qui doit venir en aide aux humains pour la satisfaction de ces besoins, peut aussi subir des modifications. C'est ce qui a fait dire par MM. Portalis, Tronchet, Bigot-Préameneu et Malleville : « Le législateur exerce moins une autorité qu'un sacerdoce; il ne doit point perdre de vue que, *les lois sont faites pour les hommes, et non les hommes pour les lois;* qu'elles doivent être adaptées au caractère, aux habitudes, à la situation du peuple pour lequel elles sont faites... »

Mais ces modifications ne changent rien au fond de la législation. Elles ne détruisent nullement ses principes généraux; elles viennent seulement s'adjoindre à la vérité mère et fondamentale dont elles ne sont que le corollaire...

Je prendrai un exemple entre mille. Si jamais l'imprimerie n'eût été inventée, sans

aucun doute, les lois qui régissent l'imprimerie et le mode de publication des
livres imprimés, et qui statuent sur la liberté de la presse quotidienne, ces lois
n'auraient jamais vu le jour. Et pourtant,
maintenant elles existent, et leur existence est indispensable, puisqu'elles ont
pour but de régler une action que l'homme
peut ajouter de plus à ses actions possibles avant l'invention du mode de publier
ses opinions par la voie des livres et surtout des journaux.

Avant l'établissement de ces écrits, on
pouvait tuer son semblable : des lois sta-
tuaient sur l'homicide; maintenant on
peut tuer une réputation : des lois statuent sur la calomnie par la voie de la
presse...

Je ne pousserai pas plus loin ces réflexions.

Mais, en présence des éternels décrets de
la PROVIDENCE, qui, chaque jour, punissent

ou récompensent les actions humaines , je ne crois pas qu'aucun homme soit excusable de se tenir en dehors du mouvement de la société, et de se contenter de suivre avec une froideur *stoïque* le flot rapide qui l'entraîne vers sa fin , alors qu il est possible de lui opposer une digue, et de prévenir en partie les ravages qui causent la misère de nos semblables!

Par toutes les considérations que je viens de rappeler, je crois pouvoir proposer, comme étant cette digue :

1° La réunion, en un seul recueil , de toutes les lois en vigueur ;

2° Qu'elles soient refondues et coordonnées entre elles;

3° Et leur fréquente révision, afin de pouvoir être toujours maintenues en harmonie entre elles et avec les mœurs et les besoins de la société qu'elles doivent régir.

DE LA CRÉATION DE SOCIÉTÉS

DE

LÉGISLATION,

En France, on compte un certain nombre de sociétés scientifiques, littéraires, artistiques, etc. On ne peut qu'applaudir à leur existence.

Mais ce qui m'a toujours paru une anomalie, une véritable lacune dont je ne puis me rendre compte, c'est que, dans un pays où tout le monde a la prétention de vouloir faire des lois, il n'existe aucune société de législation. Pourtant, il me semble que des sociétés de ce genre, bien organisées, pourraient produire d'immenses résultats. Peut-être, à cause de leur utilité pour la civilisation, pour la propagation de la morale, laisseraient-elles de bien loin derrière elles beaucoup de sociétés qui jouissent, à juste titre, d'une certaine considération.

En effet, la science des lois, c'est ainsi que j'appelle la législation, me paraît la science des sciences, car elle tient à tout, absolument tout. Elle est d'une utilité et d'une nécessité de chaque instant; et pourtant, c'est une des moins étudiées chez nous.

Il y a bien long-temps que j'ai songé à la *création de* SOCIÉTÉS DE LÉGISLATION. Comme j'ai vu se former un grand nombre d'associations depuis 1828, époque où je m'en occupais le plus, j'ai pensé que l'on n'oublierait pas un établissement de ce genre : mon attente a été trompée.

Je ne sais si je me fais illusion, mais il

me paraît plus que jamais démontré que c'est seulement au moyen de ces sociétés que la législation pourra acquérir, aux yeux de tout le monde, la haute importance qu'elle mérite. Ainsi, il en adviendra ce qu'il plaira à Dieu ; mais aujourd'hui je livre au public mon idée de création de sociétés de législation. Je l'accompagne de quelques réflexions propres à la motiver. Elle comporterait bien plus de développement, mais elle me paraît assez significative par elle-même, pour que je m'en abstienne. Chacun la commentera à sa manière. Si elle est bonne, elle portera fruit ; si c'est une chimère, elle sera vouée à l'oubli. Mais j'ose espérer qu'on me la pardonnera à cause de la bonne intention.

DE LA CRÉATION DE SOCIÉTÉS

DE

LÉGISLATION.

UNITÉ, HARMONIE, ESPRIT DE SUITE.

De nos jours, il n'y a qu'une voix pour crier : Civilisation ! Elle s'élève de toutes parts. On veut le progrès : chacun s'évertue à solliciter le développement de l'intelligence et surtout de la prospérité sociale.

Mais, en s'attachant trop aux moyens et aux résultats matériels, beaucoup de personnes ne voient la prospérité sociale que dans une immense accumulation de richesses. Elles ont raison sur un point ; mais elles oublient les autres causes de bonheur.

La richesse ne doit point être considérée comme le bien suprême[1], ni surtout comme le bien le plus durable. Trop d'exemples ont démontré, dans tous les temps, l'instabilité des fortunes privées et même de la fortune publique.

Or, l'instabilité tient toujours à l'erreur : il y a instabilité partout où les principes

[1] L'économie politique bien conçue sera toujours l'auxiliaire de la morale. Ne prenons point les richesses pour un but ; elles sont un moyen : leur importance résulte du pouvoir qu'elles ont d'apaiser des souffrances, et les plus précieuses sont celles qui servent au bien-être du plus grand nombre d'homme. (M. DROZ.)

sont méconnus ou simplement négligés. C'est pourquoi, dans toutes les circonstances, il faut se rattacher fortement aux principes, si l'on veut édifier quoi que ce soit d'une manière durable.

Il ne suffit pas de vouloir pour produire : il faut encore posséder le pouvoir, la faculté qui exécute.

Or, il n'y a que les volontés éclairées qui soient réellement puissantes. Ainsi, la conception et l'exécution doivent indispensablement être réunies, marcher au même but, le triomphe de la vérité, qui est la seule puissance durable.

C'est donc à la recherche de la vérité qu'il faudrait se livrer d'abord, avant de songer à courir après la civilisation. Car la vérité, lumière éternelle, est le flambeau à l'aide duquel doit marcher ce qu'on appelle la civilisation, qui n'est autre chose que l'éducation des peuples.

Un peuple est civilisé lorsqu'il prend toujours pour guide la raison qui lui montre les principes de morale et de justice qu'il ne doit jamais choquer.

La civilisation, ainsi qu'on l'a définie, est le développement de la condition extérieure et générale de l'homme, et celui de sa nature intérieure et personnelle ; en un mot, le perfectionnement de la société et de l'humanité.

Or, avant tout, il est de la plus haute importance d'étudier, d'approfondir le mécanisme de la civilisation : tâchons d'en dire deux mots.

Tantôt les sommités sociales se composent d'hommes réunissant toutes les qualités nécessaires pour imprimer aux masses un mouvement ascensionnel, en attirant à eux les classes inférieures. Lorsque ces hommes possèdent science et vertu, ils prêchent surtout d'exemple; et, par suite de ce génie d'imitation auquel l'humanité est soumise, la morale pénètre, par gradation, jusqu'aux derniers degrés de l'échelle sociale : la civilisation va du centre à la circonférence.

Mais, si les sommités ne peuvent parvenir à se concilier ni l'estime ni l'affection des masses, et que celles-ci repoussent ce qui leur vient d'en haut, alors c'en est fait des sommités ; tôt ou tard elles périssent, par suite de leur impuissance; car leur vie réside seulement dans la force morale ; et, si elles ne sont plus entourées d'une grande considération, la civilisation du centre à la circonférence n'a plus qu'une sphère d'activité trop restreinte, et devient impossible. En Angleterre, le roi Alfred l'avait, pour ainsi dire, toute concentrée en sa personne. Il avait plus étudié qu'aucun de ses compatriotes ; il avait sur eux une grande supériorité de connaissances, qui lui inspirait une sorte de dédain pour la nation qu'il gouvernait. Il concevait des plans meilleurs peut-être que les anciennes coutumes, mais manquant de sanction aux yeux d'un peuple qui ne les avait pas souhaités et ne les comprenait pas. Aussi, qu'est-il arrivé ? Lorsqu'il s'est agi de repousser une invasion des Danois, Alfred fut délaissé par les siens, qu'il délaissa à son tour, et prit la fuite, abandonnant ses guerriers, ses capitaines, ses vaisseaux, ses trésors, tout son peuple, pour sauver sa vie [1]...

Tantôt les masses sont plus éclairées que les sommités sociales. Alors la civilisation va

[1] Voir Augustin Thierry, *Conquête de l'Angleterre par les Normands.*

de la circonférence au centre. Elle semble procéder par voie d'analyse, marche peut-être plus lente et plus sûre : si un heureux concours de circonstances facilite son développement, elle fait des progrès durables.

C'est dans les masses que réside la force matérielle [1]. Si, par la civilisation, elles réunissent encore la puissance morale, alors elles poussent en avant tout ce qui tend à gêner leur essor ; alors la civilisation est forcée, les sommités ne peuvent l'arrêter. Que si elles s'opposent encore au mouvement ascensionnel, elles sont renversées. De là, les révolutions.

[1] La partie la plus relevée de la nation peut communiquer au gouvernement la sagesse et la vertu, si elle est sage et vertueuse ; mais elle ne lui donnera point la force, car la force vient toujours d'en bas : elle procède toujours de la grande masse.

(M. DE SISMONDI, *Histoire de la Chute de l'Empire romain*, tome **I**, page 31.)

Mais, si les masses ne joignent point à la force matérielle dont elles disposent, la force morale qui régularise celle-là et en fait une puissance respectable, alors la force matérielle agit en aveugle, procède par voie de destruction brutale. De là, l'anarchie.

Ainsi, le salut des peuples dépend de la mise en œuvre des deux principes de force agissante et de force dirigeante, du concours de toutes les volontés nationales vers un but avoué et sanctifié par l'intérêt général.

Mais, pour que la civilisation profite réellement de ce concours, il faut unité de vues dans le système d'action; il faut un principe générateur duquel dérivent tous les motifs de nos actions, et auquel viennent aboutir tous leurs résultats.

Or, ce point central, ce sont les bonnes lois.

Car je dirai, d'une part : Voulez-vous une bonne civilisation, ayez de bonnes lois; et de l'autre : Voulez-vous de bonnes lois, ayez une bonne civilisation, dont, à vrai dire, elles ne peuvent qu'être l'expression abrégée. Les mœurs et les lois ont une telle analogie, une telle connexité, qu'elles doivent marcher de pair, puisqu'elles se prêtent toujours un mutuel appui dans les temps de civilisation, comme elles sont concurremment l'expression d'atrocités dans les temps de barbarie.

Les lois ne sont autre chose que des maximes ou règles de conduite, des déductions rigoureuses de principes posés. Aussi, doivent-elles être conséquentes aux lois de la nature. Car c'est seulement alors qu'elles peuvent être conséquentes à des principes vrais, et alors seulement qu'elles peuvent être bonnes, la conséquence rigoureuse d'un principe faux conduisant toujours à un résultat erroné.

N'oublions pas qu'il n'y a qu'un principe unique, générateur, principe par excellence, DIEU !

On conçoit donc qu'il faut remonter à Dieu, comme principe d'unité, comme vérité éternelle.

Celui qui trouve tout dans l'unité, qui rapporte tout à l'unité, et qui voit tout dans l'unité, peut avoir le cœur stable et demeurer en paix avec Dieu [1].

En effet, en dehors de l'unité, il n'y a que mensonge.

Cependant, des faits produits par des causes connues, bien étudiés, des résultats permanents et avérés peuvent aussi devenir causes à leur tour, et être pris pour

[1] *Imitation de Jésus-Christ.*

principes comme points de départ : je les appellerais volontiers principes secondaires. Mais il faut qu'il y ait harmonie entre eux et le principe général, unique, avec lequel ils doivent se confondre, pour ne former qu'un tout homogène.

Ainsi, c'est à Dieu, source de toute science, de toute lumière, que doivent se rapporter toutes nos actions, comme conséquentes au principe unique. Mais elles peuvent ne s'y rapporter qu'indirectement. Ici, je me ferai mieux comprendre par un exemple pris dans le sujet qui m'occupe.

On peut, dans certains cas, bien connaître la loi et la bien appliquer, sans en savoir les motifs.

On peut savoir qu'il n'est pas permis de contracter mariage avant un certain âge. C'est là une prescription de la loi positive.

Mais pourquoi est-elle faite? Parce que ce serait aller contre le but et le vœu de la nature, que de contracter mariage à une époque de la vie où il y a impossibilité physique que le mariage produise aucun effet, et que, dans d'autres circonstances, il amenerait la destruction des individus, au lieu de conserver l'espèce.

Eh bien! en ne se mariant pas avant l'âge fixé, on obéit à une loi positive, laquelle est conséquente à une loi de la nature, qui, à son tour, est la manifestation de Dieu : donc, par résultat, on obéit à Dieu.

Cet enchaînement de principes et de conséquences avec la cause universelle, me paraît de la plus grande simplicité et extrêmement facile à saisir.

Mais, pour se conformer aux enseignements de la nature, comme elle, il faut

travailler sur un plan uniforme. Car c'est
seulement de cette façon que les hommes
qui s'adonnent à l'étude des mêmes sciences peuvent profiter des progrès que leur
ont fait faire nos devanciers, en prenant
toujours au point où elles étaient parve-
nues les découvertes qui ont servi à marquer le passage des hommes de génie. Une
fois mises en commun, les vérités qui ont
été constatées ne peuvent plus être tour-
à-tour pratiquées, oubliées, découvertes
de nouveau, puis abandonnées... perdues
pour la postérité. Les individualités dis-
paraissent chaque jour, mais le monde ne
périt pas. L'esprit de suite garantirait donc
du naufrage toutes les découvertes utiles.

Mais cet esprit de suite, auquel l'humanité doit ses plus belles conquêtes, ne peut
réellement exister que par le moyen de
communications morales, par l'association

universelle de tous les hommes en qui Dieu a mis le germe des facultés intellectuelles à un certain degré de développement. Il est indispensable que tous les hommes qui pensent et qui peuvent contribuer au bien général, par un noble emploi de ces facultés, s'entendent, correspondent entre eux, afin de concourir avec avantage au but que je propose, l'étude et la propagation de la législation.

Ainsi, il faut, à l'instar des sociétés académiques, phrénologiques, d'agriculture, d'émulation, etc., fonder, organiser des sociétés de législation dont la mission serait surtout de provoquer et de rendre facile l'étude de cette science.

Car ce n'est que par le concours de ces sociétés que l'on parviendra à rendre vulgaire la *science des lois;* c'est ainsi que j'appelle LA LÉGISLATION, qu'on a aussi définie l'éducation des hommes faits.

En effet, pour faire connaître et aimer les lois, afin d'en rendre l'exécution facile, il en faut mettre l'esprit ou les motifs à la portée de tout le monde. On peut toujours compter sur l'obéissance des hommes, quand on leur a démontré et fait bien comprendre qu'il y a pour eux avantage à obéir. Je veux bien que ce ne soit pas toujours chose très-facile; mais c'est une belle mission à remplir. Et puis, en toutes choses, il n'y a guère que les premières difficultés à vaincre; encore, le plus souvent, la persévérance suffit pour y parvenir.

Au moyen de sociétés composées d'hommes mettant en commun leur zèle et leurs lumières, il serait facile de soumettre à un examen sérieux et approfondi toutes les questions qui intéressent la prospérité sociale et les invidualités qui la composent.

On chercherait dans la nature humaine, dans la morale, dans l'histoire, etc., à découvrir le petit nombre de maximes générales qui doivent suffire pour régler la conduite de l'homme dans presque toutes les actions de sa vie.

Et puis, en rapprochant souvent les lois positives de leurs principes, en les faisant passer au creuset de la science législative, elles s'épureraient et se simplifieraient; et, leur nombre diminuant en raison de ce qu'elles gagneraient en clarté, l'étude n'en serait plus longue ni difficile : alors elles deviendraient réellement à la portée de tout le monde; chacun, les comprenant bien, pour les avoir reçues comme principes de morale, dès son enfance, les exécuterait, même par habitude, si ce n'était par conviction. Je crois que l'on comprendra facilement les avantages qui en résulteraient. Je ne dois donc pas y insister plus long-temps.

Parmi les heureux résultats des sociétés de législation, on pourrait :

1° Réaliser ce vœu de Bentham: «Avoir un corps de lois qui se distinguerait des autres livres par une plus grande simplicité et une plus grande clarté. De sorte que le père de famille, le texte des lois à la main, pourrait, sans interprète, les enseigner lui-même à ses enfants, et donner aux préceptes de la morale particulière la force et la dignité de la morale publique; »

2° Et prouver, avec M. Charles Comte, que, si l'on mettait dans l'étude et dans l'enseignement du droit plus de logique et surtout de méthode qu'on n'y en met ordin ment, on verrait que, *pour bien résoudre les questions* qui se présentent sur chaque sujet, *il suffit de connaître* un petit nombre de principes.

Et désormais la loi et la morale marche-
raient de pair, et la civilisation irait autant
de la circonférence au centre, que du
centre à la circonférence.

On aurait enfin obtenu cet immense résultat : UNITÉ, HARMONIE, ESPRIT DE SUITE,
nos plus sûrs garants du bonheur possible
dans ce monde.

D'UN TARIF

POUR LA FIXATION DES HONORAIRES

DES ACTES NOTARIÉS.

D'UN TARIF

POUR LA FIXATION DES HONORAIRES

DES ACTES NOTARIÉS.

I.

Une des plus graves questions qui intéressent le Notariat, c'est celle d'un tarif pour la fixation des honoraires qui doivent être alloués aux notaires pour la rédaction des actes de leur ministère. Elle entraîne parfois des discussions dans lesquelles le Notariat ne gagne pas toujours sous le rapport de la considération. Cela tient généralement à la mauvaise manière d'envisager cette question.

Avant de reproduire mes réflexions sur ce sujet [1], je rappellerai ceci :

Il n'est pas possible qu'un fétu soit changé de place, sans qu'il y ait un travail de fait pour cela; tout travail bien entendu tend à donner une plus grande valeur à l'objet auquel on l'applique; le Notariat ne faisant guère que constater au profit du possesseur nouveau la transmission des propriétés, ou en assurer la possession au propriétaire actuel, il s'ensuit toujours une augmentation de valeur pour un objet qui, de précairement possédé qu'il était, devient une propriété incommutable. Ajoutez que celui qui a produit

[1] Présentées dans une assemblée générale des notaires de l'arrondissement de Rouen, lorsque j'ai émis mon opinion sur la question qui se trouvait à l'ordre du jour.

l'excédant de valeur a nécessairement produit un travail. Or il n'a pu le commencer sans avoir auparavant acquis les capitaux nécessaires pour s'y livrer, et les connaissances indispensables pour l'exécution de ce travail.

Mais ces capitaux et ces connaissances, qui sont des capitaux intellectuels, ne peuvent pas rester oisifs ; et ce n'est qu'en échange d'un profit qu'ils doivent être employés dans l'intérêt d'autrui.

Voilà en deux mots l'histoire des gains du Notariat.

Et vraiment, avant de se récrier là-contre, on devrait songer à tout ce qu'il faut réunir pour faire un notaire passable, et puis à la responsabilité morale et parfois légale qui pèse sur les notaires, aux avances énormes faites pour arriver à l'établissement, à celles répétées chaque jour, aux pénibles travaux quotidiens, aux études continuelles qu'il faut faire, aux anxiétés qu'occasionne la crainte de compromettre des intérêts confiés par le public, en un mot à cette sollicitude obligée de tous les instants; je dirai encore, à tout ce que l'on ne peut savoir et apprécier que lorsque l'on a rempli les fonctions de notaire.

Et maintenant j'ajoute : Pour qu'un homme soit honnête et que la probité lui soit une vertu facile, il faut d'abord qu'il se trouve au-dessus du besoin, et, je dirai plus, au niveau de sa position sociale. Or, la position sociale d'un notaire le force à vivre d'une manière honorable.

Eh bien! sous ce rapport même, n'est-il pas indispensable qu'il soit *convenablement* rétribué à l'occasion des actes que l'on passe devant lui ?

Mais, envisagé autrement, comme tout homme qui fait le sacrifice de son temps pour le profit d'autrui, il a droit à un légitime salaire qui doit être arbitré d'une façon telle, qu'il ne puisse être considéré ni comme une indemnité mesquine, ni comme une exigence déraisonnable, disproportionnée.

Les bons clients contribuent beaucoup à faire de bons notaires !

Et le grand principe de l'exercice des fonctions notariales, c'est le dévoûment, mais un dévoûment sans bornes, aux intérêts de ceux qui viennent confier leurs fortunes, la tranquillité future de leurs familles, tous leurs secrets enfin, à l'homme revêtu, par la loi, d'un caractère qui commande cette confiance illimitée.

Combien n'est-il pas à souhaiter qu'aucun abus n'en puisse jamais résulter, soit

par défaut de moralité, soit par NÉCESSITÉ!
Il est certains hommes sur lesquels ce mot
a un empire bien puissant, qui peut les
conduire à tout. Car à la vertu seule appartient une résistance toujours couron-
née de succès.

Si cette garantie morale vient à man-
quer, le notaire, qui puisera à toute autre
source ses motifs d'agir, loin de simplifier
les affaires confiées à ses soins, travaillera
à les embrouiller pour multiplier les
actes, afin de multiplier les produits. Et,
qu'on ne s'y trompe pas, un acte inutile,
lors même qu'il serait fait gratis, coûte
toujours infiniment plus cher qu'un contrat indispensable et bien rédigé, dussent
les frais de celui-ci dépasser vingt fois ce
qu'on alloue ordinairement à titre d'honoraires. Un acte inutile, ou fait avec
cette négligence qu'une parcimonie mal

entendue semble excuser aux yeux de ceux qui reçoivent leurs impulsions des bénéfices qu'ils retirent de leurs charges, un tel acte est souvent le commencement de procès ruineux, qui entraînent tous les désastres imaginables.

Mais d'ailleurs, que de travail le notaire instruit, probe et dévoué, ne produit-il pas en dehors des actes dont il reçoit le paiement ? Car les notaires ne rédigent pas seulement les conventions des parties contractantes, ils traitent par eux-mêmes un grand nombre d'affaires. Nous avons dit comment ils doivent être considérés, et quelles sont les conséquences du Notariat bien exercé.

Et, à l'appui de ceci, je citerai un exemple. Prenons un contrat de prêt.

Le notaire entend les parties. Il examine les propriétés sous le rapport de leur valeur, considérée quant à la nature et à la situation des objets. Autant que possible, il examine la position de l'emprunteur, s'enquiert de sa moralité, voit si la possession des immeubles donnés en garantie est régulièrement établie....

Après l'acte rédigé, il suit l'opération dans tous ses détails, et ils sont nombreux! jusqu'au moment où le remboursement de la somme empruntée sera effectué. Souvent les intérêts du capital sont payés par l'intermédiaire du notaire. Il est obligé de recevoir les fonds à ce destinés, d'en tenir note, de les remettre sur quittances sous signatures privées, que parfois il écrit lui-même, et qu'ensuite il conserve à la disposition du débiteur, ou qu'il prend soin de lui envoyer. Ajoutez que maintes fois il avance, gratuitement et pendant assez long-temps, l'argent qui a servi à ce paiement.... Et tout cela sans la moindre rétribution !

On pourrait citer une foule d'autres exemples qui démontreraient, jusqu'à l'évidence, qu'il est généralement très-équitable de payer bien raisonnablement aux notaires les actes qu'ils rédigent, quand ils n'en font qu'autant que cela est absolument nécessaire ; car, nous l'avons dit, il faut bien se garder de les mettre dans la *nécessité*, mal entendue, d'agir autrement.

Au surplus, il est telles affaires qui ne rapportent rien au notaire, et qui pourtant l'occupent beaucoup....... On sera sûr qu'elles seront traitées avec soin, par espoir ou par reconnaissance, si l'on veut, mais toujours avec un dévoûment bien entier.

II.

Messieurs,

Ainsi que je vous le disais, il y a deux ans à pareil jour, c'est à la confiance qu'il inspire et à la considération dont il jouit que le Notariat doit son existence. C'est la confiance et la considération qui consti-

La Discorde.

tuent sa vie. Si elles venaient à lui man-
quer, il ne serait plus qu'une institution
anti-sociale; et, bientôt, nous le verrions
tous, on en ferait prompte justice. Telle
n'est pas sa destinée! Créé par la société,
adopté par elle, passé dans ses habitudes,
le Notariat ne sera jamais rejeté de son
sein, parce qu'il répondra dignement à
son appel, en contribuant à la satisfaction
de ses besoins; et, que, fidèle au but de
son institution, il ne déméritera jamais
de la confiance publique.

Mais, rappelons-nous le bien, Messieurs,
la confiance en soi commande seule la confiance des autres, et une institution n'est
jamais plus stable que lorsqu'elle est bien
convaincue elle-même de sa propre stabilité.

Cette conviction n'est pas l'ouvrage
d'un jour. Elle ne doit pas être non plus

l'œuvre du caprice ni d'une folle présomption. Il ne suffit pas de croire à la stabilité
pour y parvenir: il faut y tendre par ses
efforts; et, pour qu'une institution inspire
la confiance, il faut qu'elle soit grande et
forte; qu'elle marche avec franchise dans
la voie du perfectionnement. *Fermeté*,
franchise, voilà sa devise. A ces conditions, elle remplira noblement sa tâche.
Confiante dans ses bonnes intentions, elle
marchera hardiment à son but. Pour elle,
point d'entraves, point de craintes pusil-
lanimes : il n'y a que la faiblesse qui vive
de terreurs et de pressentiments!

Maintenant, voyons les moyens à employer pour obtenir la force et la confiance
qui doivent servir de base à cette honorable institution. Ils se réduisent à trois
principaux :

Estime du public,

Estime de nous-mêmes,
Estime de nos confrères.

L'estime du public et de nous-mêmes, nous l'acquerrons par la science et la probité : compagnes souvent inséparables, et toujours unies alors que la science est elle-même une vérité.

Loin de moi la prétention de m'ériger en maître, et de tracer ici la conduite à tenir par aucun de vous; j'y viendrais plutôt chercher l'appui de vos lumières. Mais nous n'avons point à traiter de l'instruction notariale, elle est en dehors de la question qui nous occupe; et, pour sortir promptement de cette digression, je citerai seulement, en passant, ces paroles d'un des plus zélés protecteurs du Notariat:

« L'instruction est le premier besoin de
» l'époque; ce n'est pas la force muscu-
» laire qui fait la puissance des nations;

» c'est l'intelligence, cette faculté de
» l'ame qui élève l'homme si fort au-
» dessus de tous les être de la création. »

Et je vous rappellerai ce passage du traité des obligations, publié par de Saint-Germain, en 1677 [1]. Il y est fait reproche aux notaires :

« S'ils ont reçu quelqu'un qui ne fût pas de bonnes mœurs, qui n'eût été clerc chez un notaire pendant cinq années, et qui n'eût la *suffisance* et la *capacité nécessaires* : étant de leur devoir de s'en informer pour en faire rapport à la communauté. »

Si nous voulons remonter plus loin encore, voyons ce qui est réglé par les états d'Orléans, en 1560 :

---

[1] Sous le titre d'*Examen général de tous les états et conditions, et des péchés que l'on y peut commettre.*

« Pour ce qu'il est bien convenable que les notaires soient aucunement *savants* et *experts*, pour obvier aux *inconvénients* qui en adviennent tous les jours par *l'igno-rance* de plusieurs notaires, ordonnons que quand tels seront pourvus, avant que d'être reçus à prêter le serment en tel cas pertinent, soient interrogés et *exami-nés par notre cour*, ou commis d'icelle, et item sera faite sommaire réquisition, sur leur vie et mœurs. »

Voilà comment jadis on envisageait le notariat.

A présent, je dirai deux mots de la pro-bité, parce qu'elle a une influence directe sur la question qui nous occupe, la réim-pression et révision du tarif des actes des notaires de l'arrondissement de Rouen.

Pour réduire cette question à sa plus simple expression, distinguons, dans la probité, celles que j'appellerai probité *individuelle* et probité *professionnelle*.

Quelle que soit la position de l'homme en société, il doit se conformer aux habitudes reçues, aux principes qui règlent la conduite de ses concitoyens. Ainsi, qu'il soit notaire ou qu'il exerce toute autre profession, il y a pour lui des règles invariables quant à l'homme; il doit se soumettre aux lois de la probité en général.

De sorte que, si un notaire manquait de probité, c'est que son caractère d'homme improbe l'aurait suivi dans sa profession notariale, comme il l'eût accompagné dans toute autre. La probité n'est donc pas exclusive à telle ou telle profession; car si sur elle doivent s'appuyer toutes les institutions humaines, elle seule aussi est la régulatrice souveraine de toutes nos actions les plus simples. Et, avant d'aller plus loin, rappelons-nous, Messieurs, que le jour où une institution quelconque est faussée dans son but, elle peut voir s'élever à côté d'elle de ces *volontés puissantes et éclairées* qui la renversent!

Mais, outre la conscience d'homme privé, le notaire doit apporter dans l'exercice de sa profession ce que j'appellerai la probité de corps, la probité confraternelle.

Cette probité, Messieurs, en même temps qu'elle tourne au profit des administrés, est néanmoins toute pour l'intérêt de la corporation. Car, ainsi que le disait M. Martin du Nord [1],

« Les notaires ont senti que, dans au-
» cune position, des succès durables ne
» peuvent être obtenus qu'autant que celui

---

[1] Devant la chambre des députés, le 24 septembre 1831, à l'occasion d'une pétition relative au tarif des notaires.

» qui les envie les cherche dans la déli-
» catesse, dans le désintéressement, dans
» l'estime publique; et que la profession
» qu'ils exercent, ne peut conserver le
» rang honorable qui lui est assigné, au
» milieu de toutes les autres, qu'autant que
» la fortune qu'ils acquièrent soit le pro-
» duit de longs travaux et d'une *probité*
» à l'abri de tout soupçon. »

Elle seule aussi est capable de donner à cette profession sa force et sa grandeur; et, si je puis dire, d'établir, entre les parties, une coïncidence parfaite, de manière à former un tout homogène.

Or, c'est l'union qui fait la force : vérité qui devrait être gravée en lettres d'or sur le frontispice de cette chambre, et si admirablement démontrée dans ce vers du Bon-Homme :

Voyez si vous romprez ces dards liés ensemble ?

Mais que faut-il pour arriver à cette union morale? Une manière d'agir uniforme chez tous les notaires en général, ou tout au moins du même ressort.

Il serait à souhaiter que cette uniformité s'étendît à tout : l'espérer serait peut-être une chimère ! Mais il est du moins certaines actions qui ne doivent point offrir de disparate ; il est des principes ou des bases sur lesquels il ne faut pas même l'ombre de l'hésitation. Car s'il en est autrement, qu'en résulte-t-il? Un confrère peut être appelé à donner son avis sur certaines questions; il le donnera, avec les meilleures intentions du monde, sans doute (car il ne faut incriminer celles de personne); mais cet avis ne sera pas conforme à celui déjà obtenu d'un autre. Si le premier avis, justement motivé, blesse les intérêts ou les caprices du consultant, tout d'abord et sans plus de réflexion, il traînera aux gémonies l'absent qui ne sera pas là pour se justifier ou se défendre. Il le tiendra pour un homme sans foi, sans honneur, sans délicatesse. En revanche, et dans sa jubilation irréfléchie, peut-être même décevante, il tiendra pour l'homme du monde le plus loyal celui qui aura abondé dans son sens, flatté ses caprices. Il ne pensera pas alors « que la jalousie » de métier peut exciter merveilleusement » toutes les médiocrités à se grouper » contre un notaire qui a la vogue, s'il » arrive que ce notaire leur soit *déféré* » par une partie mécontente et qui se » *prétende lésée* [1]. »

Mais il ne faut pas toujours se fier aux dispositions du moment. Plus tard, la

[1] M. Dupin, président de la chambre des députés.

réflexion viendra... elle amenera pour résultat, ou que le premier notaire s'est trompé, ou qu'il a voulu tromper. Plutôt l'un que l'autre, dira-t-on; car,

Lynx envers nos pareils et taupes envers nous,

jamais nous ne voulons leur supposer aucune bonne intention, alors même qu'il s'agit d'y rapporter une bonne action.

Ou bien, le résultat sera que le second notaire consulté s'est trompé lui-même avec intention, dans le double but de tromper le consultant et de *servir les intérêts du consulté*, aux dépens du confrère absent. Comme il s'est vu choses plus étranges, cela ne doit pas être tenu pour absolument impossible [1].

[1] D'ailleurs, si j'ouvre encore le Traité dont je viens de parler, j'y lis :

« Si, pour avoir des pratiques, les notaires ont publié *des choses fausses de leurs confrères :* par exemple, qu'ils ne

On sait qu'en fait d'accusations, la première est repoussée, la seconde effleure, la troisième blesse, et que la quatrième tue. La mauvaise foi peut bien percer plus tard, mais le premier coup est toujours porté ; et, tant de gens vivent sous la première impression ! Nul doute, cependant, qu'il arrivera certainement que ce précepte arabe trouvera son application : *Le mensonge du menteur tournera contre son auteur.*

savent pas faire leurs charges, qu'ils quittent le quartier, et autres choses semblables;

» S'ils ont porté les parties à demander, comme d'elles-mêmes, qu'une minute soit plutôt entre les mains d'un notaire que d'un autre, ou s'ils ont fait naître des incidents et des contestations pour brouiller les affaires, et obliger les notaires à qui, suivant les réglements, appartient la minute, à se retirer;

» Si, n'étant que notaires subalternes et non royaux, ils ont passé ou reçu aucun acte hors leurs territoires, à peine de faux et de nullité.....»

Mais, en attendant, qui en souffrira? Le Notariat.

Oui, Messieurs, les petites intrigues, les menées jalouses et tout ce qui est le fruit de l'ignorance et de la cupidité, tournera contre tous les notaires en général.

Car ceux des clients qui , par de simples malentendus (et plût à Dieu qu'il n'y eût que cela pour principe de division), ceux-là qui croiront avoir à se plaindre d'un notaire dont la *faute* aura été *signalée par un notaire*, verront qu'il n'y a pas harmonie entre ces deux fonctionnaires. Ce qui se pratique à l'égard de deux peut et, je dirai plus, doit se rencontrer, *ou plutôt se rencontre*, à l'égard de plusieurs. Mais cela se bornât-il à un nombre très-restreint, l'esprit humain, par son penchant à la généralisation, aurait bientôt fait d'un notaire plusieurs notaires;

ensuite, bon nombre de notaires, et, en dernière analyse, tous les notaires; ce qui se résumerait dans un seul mot, LE NOTARIAT : mot abrégé, mot puissant, parce que, en pareilles circonstances, il déconsidère, il tue l'*institution*.

Le contraire arrivera toujours, tant qu'il y aura union, harmonie dans le corps en général. Et si chacun a de la sévérité pour soi, et de l'indulgence pour les autres, ou plutôt de la bienveillance, la médisance ni la calomnie ne trouveront pas de prise. Chacun y gagnera ; car, tenez-le pour certain, *les hommes sont toujours intéressés à bien faire.*

La vérité n'a point de couleur ; elle est de mise partout ; en oubliant donc où elle est placée, faites-vous l'application de cette pensée du poète moderne :

Serrez vos rangs, qu'on se soutienne !

Voilà toute la maxime de la confraternité.

C'est donc pour arriver, non-seulement à l'*estime du public*, à celle *de nous-mêmes*, mais encore à celle *de nos confrères* (car elle est plus précieuse qu'on ne peut se le figurer), que nous devons travailler à l'établissement d'un TARIF UNIFORME ET COMPLET, *comme moyen d'union professionnelle*.

C'est ici, Messieurs, le véritable point de la question : Posons-le nettement, sans toutefois détourner notre attention des *dangereuses conséquences d'un tarif différent*.

Et d'abord, qu'est-ce qu'un tarif? Un moyen de fixer l'indemnité qui doit être accordée en échange d'un certain travail, ou, si l'on veut, d'une certaine somme de peines.

Le grand point est d'établir une balance

égale entre la somme de récompense et la somme de peines. En remontant à la source des choses, un tarif ne peut être que cela. C'est encore l'opinion émise par M. Dupin devant la chambre des députés.

Pour arriver à établir ce tarif, il faut donc calculer la valeur produite par le travail qu'aura fait un homme, dans une position et une circonstance donnnée, pour retenir de cette valeur une portion égale au gain qu'aurait pu obtenir cet homme en se livrant à une autre occupation. Il est toujours sous-entendu que le travail sera complet. Pour cela, il faut aussi avoir égard à l'accroissement de valeur que donne à l'objet le travail produit : ce sont là les plus simples éléments de l'économie sociale ; appliquons-les au Notariat.

Mais d'abord, remarquons bien que ce système, le seul juste en apperence, doit subir une modification ; car, s'il était le seul vrai dans l'enfance de la société, au point de civilisation où nous en sommes, il conduirait souvent à l'erreur. Il irait pour le moins directement contre notre but, qui est l'égalité dans le tarif de nos honoraires.

En effet, pour qu'il y ait égalité dans le tarif, il faut que le moyen adopté pour cette fixation établisse un rapport exact entre la somme de peines (remarquez-le bien, au lieu de la somme de travail) et la somme d'indemnité. Mais comment apprécier, à l'égard de tout le monde, la somme de peines pour un travail égal ? C'est impossible, car une opération quelconque coûtera plus de temps et présentera plus de difficultés à tel individu qu'à tel autre. Ce n'est donc pas par la somme de travail que l'on doit juger de la somme de peines, et cependant c'est celle-ci qui, suivant ce système, doit servir à déterminer la somme de récompense. Mais fût-ce chose possible, qu'il y aurait encore un inconvénient : car, pour juger de la somme de peines par celle du travail, qu'on ne peut apprécier qu'en résultat, il faudrait supposer toutes les affaires de même nature et absolument semblables. Cette supposition est contre l'évidence. Je me dispenserai de vous en donner la preuve, ce qui serait bien facile si l'on pouvait le désirer.

En présence de toutes ces difficultés qui semblent nous faire tourner dans un cercle vicieux, un moyen de sortir d'embarras se présente... c'est le seul, ayons-y recours.

Nous avons vu que tout travail a pour objet de produire une augmentation de valeur. C'est donc sur des valeurs que l'homme exerce ses facultés? Eh bien! prenons pour base des indemnités qui doivent être allouées aux producteurs d'utilité, les valeurs sur lesquelles la production se fait sentir en les augmentant.

Sans examiner dans son principe le rôle de l'argent, tenons pour certain qu'il n'y a que lui qui puisse être le moyen d'évaluation auquel il nous soit le plus facile de recourir, tant pour ce qui est de la fixation des valeurs sur lesquelles nous avons à prélever nos indemnités, que pour la fixation de ces mêmes indemnités.

Ce tarif sera donc ou plutôt continuera d'être la fixation, dans une progression ascendante, d'une indemnité qui sera en raison directe de la somme des valeurs qui figureront dans les conventions que le notaire est appelé à régler. Mais, pour déterminer cette indemnité et sa progression, deux questions se présentent :

D'abord, quelle portion de valeurs retiendra le notaire? Sera-t-elle toujours la même dans tous les cas ?

Et puis la progression ascendante sera-t-elle variable ou invariable dans ses proportions? Sera-t-elle fractionnaire?—Tâchons d'éclaircir ces deux questions.

Messieurs, le notaire, en opérant sur des valeurs, les augmente par son travail, au moyen de la sécurité qu'il donne à ceux qui les détiennent.

Afin que l'excédant de valeurs produit par la convention notariée profite aux contractants, il faut donc que la somme d'indemnité accordée au notaire ne soit pas tout-à-fait égale à cet excédant de valeurs. Voilà un premier point fixé.

Maintenant, ils'agit de savoir de com-

bien pour cent est augmentée une propriété assurée par des conventions authentiques, comparativement à une autre dont
la possession est incertaine ou peut laisser
des craintes pour l'avenir.

Vous fixerez, Messieurs, cet excédant,
et vous en retiendrez une portion pour
vous... Elle vous sera toujours aussi légitimement acquise que l'est une portion
de bénéfices faits dans le commerce, par
la fabrication ou le transport des marchandises.

Et, pour savoir si la portion de valeurs
à retenir doit être la même dans tous les
cas, il s'agit de savoir si, dans tous les cas
aussi, le travail des notaires produit la
même augmentation. Evidemment non :
expliquons-nous là-dessus.

Lorsqu'il s'agit de faire passer d'une
main dans une autre un objet quelconque,

et d'en assurer en même temps la possession, l'augmentation de valeur est plus
grande que lorsqu'il s'agit simplement de
consolider une propriété déjà transmise.
Ainsi, il faut savoir si un contrat est
translatif de propriété, ou s'il la *consolide*
simplement. Dans le premier cas, l'augmentation de valeur est plus grande, pour
celui qui devient propriétaire, que dans
le second, où il est seulement confirmé
dans une possession qu'il avait déjà. Afin
d'être le plus clair possible, je donnerai
un exemple : Par le contrat de vente, la
propriété est *transmise*; par un acte de
partage, elle est *déclarée*; et, par une
quittance, elle est *consolidée*, au moyen
du paiement. Ce raisonnement s'applique
à une foule d'actes que, tous les jours, vous
avez occasion de rédiger. C'est lui qui doit

présider à la révision du tarif, comme il a dû lui servir de base.

Cette première question, ainsi résolue, jette un grand jour sur la seconde.

Il est évident que l'augmentation donnée aux valeurs qui font l'objet des conventions est progressive, et augmente en raison de la somme que présentent ces valeurs. Il est donc juste de dire que la portion retenue pour indemnité devrait suivre la même loi, et, par conséquent, être invariable dans sa progression ; c'est-à-dire que, si l'on retient un pour cent sur l'excédant de valeur produit, et que cette retenue se fasse eu égard à la somme totale, il est anti-logique de ne retenir que demi pour cent, ou toute autre fraction, lorsque la somme totale dépasse un certain chiffre. Voilà le principe que l'on peut tenir pour incontestable. Pourtant,

Messieurs, ce n'est pas d'après ce principe que la révision et les modifications, s'il en était fait, devraient avoir lieu. Il faudrait s'en tenir à la progression variable, fractionnaire ; ceci n'a pas besoin d'explication : vous en savez tous le pourquoi.

C'est ici le lieu de dire que la réimpression et la révision du tarif, dans le but de le compléter et de le co-ordonner, n'ont dû être proposées et provisoirement adoptées qu'afin de présenter un tout, un ensemble, et non point un tarif modifié par plusieurs délibérations postérieures, que, le plus souvent, on n'a pas sous les yeux. J'ajouterai que, si, par suite de cette révision, *il y avait lieu* à des modifications tendant à une augmentation, on pourrait dire, *si l'on prétendait vouloir les appuyer,* que c'est pour tenir ce tarif en proportion avec les augmentations que subissent chaque jour tous les objets qui sont en circulation dans le commerce social. M. Dupin, dont je vous citais tout-à-l'heure l'opinion, pose ce principe qui est vrai :

« Le prix des charges n'a fait que suivre le progrès des biens. Tout a doublé depuis trente ans; et si les charges n'étaient pas augmentées, de fait elles seraient *dépréciées*. »

Eh bien ! *supposez gratuitement, et pour un instant*, que je raisonne dans l'hypothèse d'une élévation de tarif; à mon tour je vous rappellerai un autre principe : c'est qu'en général les accessoires suivent le sort du principal.

Or, si tout a doublé depuis un certain temps, et que cette raison soit suffisante pour motiver une variation dans le principal, elle a dû aussi s'appliquer aux

accessoires ; et, certainement, à moins d'a-
voir perdu la raison ou renoncé à en
faire usage, ou bien à moins de vouloir
mentir à sa conscience, on ne peut pas
prétendre qu'un tarif, une fois fait, soit
à jamais invariable [1].

Mais qui a droit de faire le tarif ? pourrait-on demander. « Le notaire, vous
» répondra M. Martin du Nord, peut
» mieux que personne, *s'il n'a d'autre*
» *intention que d'obtenir ce qui lui est*
» *légitimement dû*, apprécier son travail;
» c'est à lui que le législateur confie le
» soin de faire cette évaluation. »

Ce que l'on dit ici d'un notaire en particulier peut bien être appliqué aux no-

---

[1] En cela, comme en toute autre chose, c'est une chimère.
Il n'y a d'immuable que les lois de la nature, parce qu'elles
sont établies par la divinité.

taires en général[1], car ce sont toujours les
notaires qui, en taxant les actes de leurs
confrères, font le tarif : puisqu'ils le font
en détail, ils ont bien le droit, pour éviter
ces conflits humiliants entre notaires et
clients, ils ont le droit de le déterminer
à l'avance, pour la grande majorité des cas
qui peuvent être réglés. Donc, Messieurs,
vous êtes *compétents* pour établir un tarif,
et un *tarif uniforme* dans votre arrondissement.

Ici une réflexion se présente ; il est bon
de ne pas la passer sous silence : c'est que
les honoraires alloués aux notaires sont
comme presque toutes les impositions et
droits d'enregistrement : ils ne pèsent plus
sur personne, un certain temps après

---

[1] Je sais que l'on ne conclut pas du particulier au général ;
mais ici ce n'est pas le cas d'appliquer ce principe.

leur création ; car, lorsque les biens ont changé de main ; ce n'a été qu'à la charge de supporter l'imposition quelconque établie sur ces biens ; et le nouveau possesseur à titre onéreux ne les a pris que sous la déduction des charges qu'il a été obligé de payer au-delà de son prix d'achat.

Pour la transmission à titre gratuit ou par succession, ce n'est pas précisément la même chose; mais le nouveau posses-seur n'a pu calculer que sur une somme soumise à une certaine réduction , faite , ainsi que la précédente, dans le but de lui assurer le surplus.

Ce serait donc avec plaisir que vous *verriez* dans le tarif, ainsi modifié et complété, une différence pour les hono-raires perçus à l'occasion d'une transmis-sion à titre onéreux et d'une transmission à titre gratuit, en ligne directe et en ligne collatérale. Les raisons pourraient vous en être développées ; mais, dès-à-présent, on peut considérer que les successions collatérales sont généralement beaucoup plus difficiles à régler que les successions directes.

Je terminerai par une dernière considération : elle a trait à l'égalité qui devrait exister pour la taxe des honoraires des notaires de canton et de ceux du chef-lieu d'arrondissement.

En effet, si nous examinons les choses sous leur véritable point de vue, sans prévention , et en l'absence de toute idée préconçue, que se présente-t-il à notre pensée, sinon que les notaires de canton sont appelés à prêter leur ministère pour des stipulations dont le but est de régler des valeurs qui sont identiques à celles qui font la base des conventions qui se règlent dans le chef-lieu? Les biens ont la même valeur pour l'homme de la campagne que pour l'homme de la ville; l'argent est le même pour tous deux. Seulement, la majeure partie du temps, *les proportions sont différentes*; et, malgré l'identité des valeurs, elles peuvent être l'objet de modifications plus ou moins élevées, par les transports, la fabrication, etc., toutes raisons que vous comprenez mieux que moi, et qu'il est inutile de vous déduire ici.

D'après cela, il va sans doute vous être proposé une égalité de taxe pour tous les notaires de l'arrondissement, sauf les rôles et les vacations réglées par le tarif légal, auquel nous n'avons le pouvoir de rien changer.

J'irai au-devant d'une objection qui ne sera pas faite, car elle n'est pas supposable, bien qu'on ait pu la croire possible, sans y avoir d'abord réfléchi:

Une égalité de tarif pour tous les notaires de l'arrondissement pourrait avoir pour but d'éloigner de la campagne, *ou plutôt de maintenir en ville*, certaines personnes ayant pour habitude de porter leur confiance au dehors.

On fondrait cette crainte sur ce que, les actes coûtant le même prix partout, il n'y aurait plus de motif pour aller les faire faire à la campagne.

Non, Messieurs, et j'ose l'affimer, les choses ne peuvent pas être ainsi. Autrement, ce serait supposer gratuitement que ce n'est pas par suite du grand principe de la confiance publique que les notaires de la campagne sont en possession de leur clientelle, mais parce qu'ils font des actes à bon marché! Alors, pourquoi ne pas

compléter l'injure, et la rendre tout aussi
sanglante que possible, en disant qu'ils les
font au *rabais?* Pourquoi, pressant les
conséquences, ne pas ajouter que le Notariat de campagne n'est pas un ministère de
confiance, une noble profession, mais un
simple métier, ne reposant que sur la cré-
dulité publique, et n'offrant que déception aux administrés et honte à ceux qui
l'exercent!!!...

Voilà les conséquences d'une semblable
supposition; SUPPOSITION aussi ABSURDE
qu'IMPOSSIBLE, car il faut ici rendre justice à qui elle appartient : nos confrères de
canton ont droit à toute la confiance de
leurs clients, comme à notre estime pleine
et entière et à l'expression de notre confraternité loyale, franche et affectueuse.

Pour défendre une injustice, il faut
s'appuyer sur une erreur. Nous, qui cher-

chons la vérité de bonne foi, nous arriverons à la justice, et la justice nous com-
mandera à tous un acte conforme à ses
principes: à savoir, d'établir une *égalité* de
tarif, comme il y a *uniformité* de sentiments entre nous tous. Ah! souhaitons
encore avec ardeur, qu'il y ait aussi harmonie complète, par l'égalité de science
notariale et la similitude d'actions!

Ainsi, possédant les mêmes lumières,
animés des mêmes sentiments, travaillant
tous pour arriver au même but, il ne
peut plus y avoir individuellement de
notaires dans l'arrondissement de Rouen,
désormais il n'y doit exister que le
Notariat.

DES ACTES

SOUS SIGNATURES PRIVÉES.

DES ACTES

SOUS SIGNATURES PRIVÉES.

Il est encore une profession qui n'a pas trouvé grace devant M. Léon Gozlan, c'est celle d'homme d'affaires.

Voici comment il en parle :

« Qu'est-ce qu'un homme d'affaires?

» L'école d'Athènes n'eût pas trouvé de

réponse à cette question ; ou bien elle eût
répondu par cette autre demande : Qu'est-
ce que Dieu ?

» Car tout est du ressort de l'homme
d'affaires — les lois, les lettres, le commerce, les mœurs, les arts ; à ces conditions pourtant qu'il est avocat sans diplôme,
littérateur sans avoir jamais rien écrit, né-
gociant sans maison de commerce, mora-
liste pour avoir concouru aux prix Mon-
thyon, artiste, quoiqu'il n'ait fait ses études
de peinture qu'à l'hôtel Bullion, les jours
de vente. Si la société était un rocher,
l'homme d'affaires en serait l'huître ; le
champignon, si elle était un arbre ; le ver,
si elle était un fruit. Comme elle se compose d'êtres honnêtes et bons, il est homme
d'affaires. Que fait-il ? Rien : on fait pour
lui. Vous avez une idée : en remontant de
cause en cause génératrice, vous vous éle-

verez jusqu'à Dieu; son saint nom soit loué ! — En descendant de résultat en résultat produit par cette idée, vous arriverez jusqu'à l'homme d'affaires. Ainsi, Dieu et l'homme d'affaires sont placés aux deux limites de la création intellectuelle, et vous avez parcouru, pour avoir une définition, un cercle de raisonnement qui vous ramène à la première question et à la première réponse : Qu'est-ce que l'homme d'affaires? Réponse : Qu'est-ce que Dieu?

» Soyez peintre, et que la muse vous inspire un tableau.

» Soyez poète, et que la faim vous dicte un poème.

» Soyez riche, et éprouvez le besoin de vous ruiner.

» Soyez pauvre, et veuillez devenir voleur.

» Croyez-vous que votre tableau, vous, peintre, vous appartiendra?

» Que votre prose ou vos vers, vous, poète, vous appartiendront? Que votre fortune, vous, riche, ira où il vous plaira?

» Et vous, pauvre, que vous parviendrez à être voleur?

» Un tableau peint, achevé, verni, encadré, est là : c'est un Roqueplan.

» L'homme d'affaires entre, et dit au peintre orgueilleux de son œuvre : — Vends-moi ton tableau? — Combien, Zeuxis?

» — Six mille francs.

» — Prenez. L'homme d'affaires emporte le tableau, et le remet à M. le comte, qui le lui paie dix mille francs. Au bout de trois ans, le comte meurt; les héritiers vendent la galerie de peinture. Qui se présente pour l'acheter? Un homme d'affaires, qui cède, à un banquier, pour cinq mille francs, le tableau de Roqueplan, après l'avoir eu pour trois mille, à la vente par suite de décès.

» Le banquier fait banqueroute; c'est convenu. Sur tous les murs de Paris, des affiches jaunes annoncent que, parmi les meubles saisis, il y a des candélabres, des chenets de bronze et un Roqueplan. Pour le compte d'un épicier qui se marie, l'homme d'affaires achète le Roqueplan, et bénéficie dessus de quinze cents francs.

» Additionnons. Le premier homme d'affaires a gagné quatre mille francs sur le tableau, le second deux mille, le troisième quinze cents francs : total du bénéfice du brocantage : sept mille cinq cents francs.

» Ceci, en moins de dix ans. Dans vingt ans, le tableau du peintre aura contribué à faire bien vivre huit hommes d'affaires, à doter leurs filles, à éduquer leurs fils. Les enfants de Roquelan mendieront peut-être sous le guichet du Louvre !

» L'écrivain est plus immédiatement placé encore sous la griffe de l'homme d'affaires. Par son nom qu'il signe au bas de son œuvre, le peintre échappe du moins en partie à l'engloutissement. L'écrivain n'a pas même ce privilége. Il ne signe que les *bons à tirer*; sa publicité nominale s'arrête au prote d'imprimerie. L'homme d'affaires peut être libraire sans brevet : alors il vous dépouille par volume; il vous dessèche par traductions, imitations, contrefaçons, faux mémoires ; il vous enlève même votre nom légitime consacré par l'Eglise, pour vous abâtardir du pseudonyme en vogue. Si l'homme d'affaires travaille sur le litigieux, il vous pompe la vie et l'esprit par consultations, mémoires à consulter pour ou contre, adresses aux tribunaux. Il est quelquefois directeur de journaux. A ce titre, il vous gruge l'imagination jusqu'à l'amer : aujourd'hui c'est un conte pour les enfants, une fable qu'il mendie ; demain, il sollicitera à votre porte un article de haute critique ou une brochure contre le ministère, si ce n'est la description d'un moulin à charbon ou d'une scie de forme nouvelle. L'homme d'affaires journaliste s'habille de vos plumes, comme le geai ; il passe pour un homme d'esprit avec le vôtre, devient receveur-général à cause de vous, qui vous êtes laissé violer dans votre opinion pour quelques cents francs. Il a même la croix d'honneur, mais la croix est pour lui seul, l'infamie à vous deux. Il roule dans un landau dont les roues sont graissées avec votre moelle ; et, au bout de cinq ans, lorsque ses chevaux et vous êtes crevés, il fait une pension à la veuve de son cocher, parce que son cocher a placé des fonds chez lui, sans doute.

» Si vous n'appartenez pas à la catégorie de ceux qui produisent, mais, au contraire, à la classe de ceux qui consomment, si vous êtes riche, il n'est guère plus probable que vous échappiez à l'homme d'affaires.

» Personne n'est riche dans le sens absolu du mot. Quel est celui qui possède vingt mille francs en or à toute heure?

» Ensuite, que de gens qui ne seront riches que dans un mois, que demain, et qui veulent l'être avant l'accouchement de la fortune, si lente à porter ! A toute heure, l'homme d'affaires a vingt mille francs en or dans sa poche : il ressemble aux paysans; il a en sa possession les plus beaux fruits, parce qu'il n'y touche jamais. L'homme d'affaires vend de l'or au lieu de fruits; mais le prix varie : il va de quinze pour cent jusqu'à vingt ans de galère.

» Beaucoup de fils de famille ne peuvent décemment tuer leur père pour en hériter. Le poison n'étant plus dans nos mœurs l'homme d'affaires escompte le testament. Vous jouirez de trente mille francs de rente un jour ; il vous compte tout de suite cent mille francs : cinquante mille en or, cinquante mille en marchandises. Les marchandises, ce sont quelquefois des cercueils, quelquefois des momies. Votre hé-ritage désormais lui appartient. Appelez-le donc votre frère, puisque le voilà devenu le fils de votre père : il l'aime presque autant que vous; seulement il le respecte davantage; il ne prend pas son nom.

» **On** dirait par confusion l'usurier. Qu'est-ce donc que l'homme d'affaires, je vous prie? N'ai-je pas dit que tout était de son ressort? Les lois, puisqu'il achète des testaments en germe; les mœurs, puisque sans lui il n'y en aurait que de bonnes; les arts, puisqu'il vend et achète toutes les merveilles qu'ils produisent; le commerce, puisqu'il trafique de toutes ces choses.

» — **Vous** songez à devenir voleur? Folie de croire que vous arrêterez un homme sur la grande route : pour cela, il faut du courage ; vous n'en possédez pas, vous ne possédez pas ce courage-là. Vous volerez dans une promenade? Il faut avoir du courage et de l'esprit. Fatuité de prétendre être voleur, dans un siècle où il y a tant de sergens de ville.

» Non, vous ne volerez pas : mais vous vous logerez à un entresol obscur et humide, avec trois chaises, deux tables, des cartons vides et verts sur lesquels on lira ces étiquettes, en français d'homme d'affaires : *Lettres à répondre, Lettres répondues;* et vous ne répondrez à personne, pas même à Dieu, de ce que contiennent ces sacs intitulés : *Affaire de M. le comte de... contre la princesse de......* Ainsi, de voleur que vous espériez devenir en vous couchant, vous vous éveillerez homme d'affaires. »

Ce tableau est peu gracieux sans doute, mais parfois bien frappant de vérité.

Même parmi les gens du monde, étrangers aux affaires, on rencontre des *harpagons*, hommes entièrement voués au culte de l'argent, pour qui tous les moyens de faire fortune sont bons. Quelquefois, sous les apparences de l'amitié, ils n'ont pas honte de méditer et de consommer la ruine de ceux aux intérêts de qui ils semblent se dévouer avec tant d'empressement et de sincérité.

Cette plaie des sociétés civilisées est à-peu-près incurable. Presque toujours les usuriers trouvent le moyen d'échapper aux lois répressives. Aussi, toute la punition à infliger à de tels misérables, c'est de les abandonner aux remords de leurs propres consciences.

Mais il est des hommes d'affaires que les reproches de M. Léon Gozlan ne peuvent atteindre, et qui jouissent d'une haute considération justement méritée par leur conduite honorable et la loyauté de leur caractère. Je regrette que les convenances m'empêchent de rappeler ici certains noms entourés de l'estime publique.

Aussi l'intervention de ceux-là n'est jamais à dédaigner ; et même il arrive souvent qu'elle est un grand bienfait.

Il en est de l'agence d'affaires comme de toutes les professions : il faut être homme de capacité et de probité pour y exercer une influence profitable. Et il est bien vrai que, trop souvent, ceux qui ne réunissent pas ces qualités ne sont réellement que la *mouche du coche*, et qu'ils font beaucoup plus de mal que de bien.

Auprès de certains notaires d'une capacité naissante, douteuse ou bien qui décline, l'intervention d'un agent d'affaires instruit et probe est toujours utile. D'ailleurs les affaires ne sont jamais trop méditées ni trop surveillées. L'homme le plus habile peut avoir des inadvertances. Aussi jamais il ne répugne à un notaire honorable de communiquer ses actes aux conseils des parties contractantes, quand ceux qui sont appelés à ce titre méritent entièrement la confiance qu'on leur accorde ; ce qui n'est pas lorsqu'ils veulent sortir du cercle de leurs attributions. Car dès que l'agent d'affaires veut empiéter sur des attributions qui ne sont point de son ressort, il devient un véritable fléau.

Par exemple, si, au mépris des intérêts des parties elles-mêmes, et pour son intérêt personnel à lui, l'homme d'affaires conseille des actes sous signatures privées hors des cas où ils n'offrent point d'inconvénient, alors il trahit la confiance dont il est investi.

J'ajoute que le nombre de ces cas me paraît fort restreint.

Et même, dans ma pensée, c'est toujours une mauvaise chose qu'un acte sous signatures privées. Il en peut résulter une foule d'inconvénients que ne compensent certes pas les prétendus avantages qu'il semble présenter.

C'est là une question très-grave. Elle intéresse la tranquillité des familles, et, par suite, l'économie sociale. Il est donc à souhaiter qu'on y réfléchisse beaucoup et avec une sérieuse attention.

Quoique, dès long-temps, l'expérience m'ait fait concevoir pour les actes sous signatures privées une opinion peu favorable, jamais je n'ai pu me décider à traiter publiquement cette question durant l'exercice de mes fonctions de notaire.

Pourtant mon intérêt personnel ne m'eût certainement pas plus aveuglé alors qu'aujourd'hui, où l'on ne peut plus raisonnablement me supposer ni motif particulier ni prévention. Mais je pense bien

que l'on n'aurait pas manqué d'incriminer mes intentions. J'ai donc préféré
attendre que les circonstances me ren-
dissent tout-à-fait indépendant aux yeux
de tout le monde.

Et maintenant que l'on ne supposera
pas que je cède à des préoccupations qui
puissent avoir de l'influence sur mon jugement, je me trouve en position convenable pour m'occuper consciencieusement
de cette grande question d'intérêt général, et je puis faire connaître mon opinion tout entière à cet égard.

Or, je maintiens que les actes sous signatures privées offrent une foule d'inconvénients. Tâchons d'en signaler quelques-uns :

Généralement ils sont mal rédigés. Et
c'est là un inconvénient des plus grands
et des plus désastreux.

N'oublions pas que, pour bien rédiger un contrat, il faut joindre à des connaissances en droit une grande habitude pratique, mais une habitude de tous les jours. Autrement, on s'expose à des oublis, à des erreurs très-préjudiciables. Nous l'avons dit, la théorie n'est pas suffisante. D'ailleurs, tel individu qui peut bien apprécier la rédaction d'un acte n'est pas toujours en état de le rédiger lui-même.

Et l'on sait que ce sont les actes mal faits qui donnent naissance à ces procès multipliés et ruineux qui désolent les familles, ébranlent même la sécurité générale et le crédit public.

Mais, si, avec une capacité reconnue, on n'est pas toujours en état de bien rédiger un contrat, que sera-ce donc si l'on s'adresse à des hommes qui osent bien se qualifier d'agents d'affaires , quoique , à chaque instant, leur ignorance, qui encourage encore une sotte présomption, trahisse leurs hautes prétentions?

Tout ce que nous avons dit précédemment à l'égard des clercs et des notaires peu capables peut également s'appliquer aux agents d'affaires. Et tous les jours l'expérience le démontre, dès qu'ils sortent du rôle de conseils, leur intervention devient funeste. Car s'ils donnent des avis erronés en présence du notaire, celui-ci peut les rectifier. Mais, lorsque, dans leur cabinet, ils rédigent eux-mêmes des actes dont parfois ils ne comprennent nullement la portée, pas plus que les expressions dont ils se servent, la mauvaise foi peut bien ici tromper l'inexpérience, en prétendant la diriger.

Mais, lors-même qu'ils seraient convenablement rédigés, les actes sous signatures privées présenteraient toujours les inconvénients attachés aux actes qui ne sont pas authentiques; ce ne sont pas les moins graves.

D'abord, il peut bien arriver que, faute d'authenticité, ils soient nuls; car certains actes ne sont valables aux yeux de la loi qu'autant qu'ils ont été passés devant notaire. Chacun doit savoir cela. Et, pourtant, j'ai vu de ces actes que l'on avait faits sous signatures privées, contrairement aux exigences du *code civil*, bien qu'ils eussent été conseillés et même rédigés par des hommes d'affaires ou se qualifiant tels.

Ainsi, j'ai été témoin de la présentation, à l'enregistrement, d'un contrat de mariage fait sous signatures privées, bien postérieurement à la promulgation de l'article 1394, qui dit positivement que *toutes conventions matrimoniales seront rédigées, avant le mariage,* PAR ACTE DEVANT NOTAIRE.

Pendant mon exercice, on m'a présenté, pour être déposée au rang de mes minutes, une *donation entre-vifs*, faite par acte sous signatures privées. J'ai eu beau me récrier, prouver, par la lecture de l'art. 931 du code civil, que cet acte était nul : jamais je n'ai pu faire comprendre cela à l'homme d'affaires qui me le présentait, ni lui faire entendre que les mots *passé devant notaire* n'étaient pas synonymes de *reconnu et déposé*... Le refus de prêter mon ministère en pareille circonstance a même été suivi de bizarreries fort singulières, et qui n'ont pas été un titre de recommandation pour tout le monde.

Mais, lorsque les actes sous signatures

privées sont permis par la loi, le défaut d'authenticité fait qu'on ne les peut produire nulle part pour justifier légalèment de leur contenu.

Avant de les faire admettre en justice, ou par les tiers, il faut d'abord qu'ils soient enregistrés; et, quand il s'agit de leur exécution, on a besoin de les faire reconnaitre devant notaire par toutes les personnes qui les ont souscrits.

Bien souvent, il arrive qu'ils sont rédigés de façon à opérer des droits d'enregistrement beaucoup plus considérables qu'ils ne le devraient, et cela, par suite de l'inexpérience de ceux qui les ont faits. Et puis, faute d'avoir été soumis à la formalité de l'enregistrement dans le temps prescrit par la loi, il en résulte des amendes contre les parties contractantes. — Assez souvent encore, ces actes sont égarés ou même perdus ; et, il n'y a pas moyen de recourir à la minute.

Quand l'indispensable nécessité de faire reconnaître ces actes devant notaire se fait sentir, il est quelquefois impossible de réunir toutes les parties qui y ont figuré : alors, il faut subir des délais et supporter des dépenses qu'occasionnent les circonstances.

Et, si l'un des contractants est mort, il faut recourir à ses héritiers. Ceux-ci peuvent refuser leur approbation. Et, dans ce cas, comme dans celui où, parmi ces héritiers, il s'en trouve qui sont mineurs, il faut se pourvoir devant les tribunaux : ici, encore de longs délais à subir et des frais, pouvant devenir ruineux, à supporter, qui font regretter de n'avoir pas agi, dans l'origine, avec une régularité entière.

Tout cela se voit journellement dans les

affaires, et, peut-être, le plus fréquemment
dans les réglements de succession. J'ai vu
beaucoup de liquidations faites sous signatures privées, liquidations contenant même
partages d'immeubles. Et cependant, pour
les tiers, ces actes attributifs de propriété
ne peuvent faire foi qu'autant qu'ils ont
acquis le caractère d'authenticité.

Aussi, qu'arrive-t-il? Pour sortir d'embarras, on a recours à un remède parfois
pire que le mal. Ainsi l'on procède à des
ventes, cessions ou transports d'objets ap-
partenant à un seul des co-partageants,
comme s'ils étaient toujours indivis. Alors,
on fait figurer aux actes les personnes qui
sont censées propriétaires. Et, pour parer
à l'inconvénient de vendre la chose d'autrui et d'en toucher le prix, on fait usage
de contre-lettres, pour détruire ou modifier en partie des actes authentiques.....

Pour peu que l'on ait la moindre idée des affaires, on imaginera facilement dans quel labyrinthe de difficultés inextricables cette manière d'agir entraîne les personnes assez mal inspirées pour y avoir recours.

Et pourtant, tout cela n'a lieu que dans un seul but, celui d'éviter le paiement immédiat des frais qu'occasionnerait un acte authentique : on ne songe pas que, plus tard, il faudra débourser davantage...

Non, les actes sous signatures privées ne sont point un moyen d'économie.

Et d'abord, on se figure qu'ils coûtent meilleur marché, rédigés par un homme d'affaires, que s'ils étaient notariés. Erreur, erreur grossière!

Car, pour la rédaction seule, on paie parfois beaucoup plus cher à l'homme d'affaires qu'on ne paierait au notaire lui-même.

Quand on a si grand soin de dire : Un acte notarié *coûtera tant !* on comprend l'enregistrement dans le montant des frais, et c'est tout simple. Mais, lorsqu'on annonce que, sous signatures privées, cet acte ne coûtera que telle somme, on ne compte que les frais de rédaction, et on laisse de côté l'enregistrement et tous les accessoires. Aussi, croit-on à une diminution considérable, et ne manque-t-on pas d'ajouter que ce contrat sera tout aussi bon que notarié... Cela peut être à la rigueur. Toutefois, il faut tenir compte de la différence qui existe entre un acte sous signatures privées et un acte authentique; sans compter que les frais demandés pour la rédaction peuvent être de beaucoup supérieurs aux honoraires qui eussent été alloués pour un acte notarié.

Et que suit-il de là ? On a tout simplement un contrat sans date certaine, sans authenticité, et qui entraîne tous les désagréments déjà signalés et ceux qu'on ne peut prévoir.

J'ai été à même de voir beaucoup de ces actes pour lesquels on avait visé à l'économie, qui pourtant avaient coûté énormément cher d'abord, et qui, par la suite, étaient devenus deux ou trois fois plus dispendieux que s'ils eussent été authentiqués dès l'origine. Pour toute personne qui réfléchit, cela est très-facile à concevoir.

Aussi, dans tous les cas, le bon marché des actes sous signatures privées me paraît un leurre, et si l'indélicatesse s'en mêle, ce n'est vraiment plus qu'un piége tendu à la bonne foi et à l'inexpérience de ceux par qui on les fait souscrire.

Et, pour éviter cet inconvénient ainsi

que tous ceux incalculables qui s'ensuivent plus tard, je pense qu'il faudrait restreindre le plus possible le nombre des actes qu'il est permis de faire sous signatures privées.

Comme aussi on devrait exiger, pour tous ceux qui seraient permis, qu'ils fussent forcément enregistrés, dans un délai très-rapproché de leur date.

Mais, afin de nepas rendre cette mesure vexatoire, il me semblerait indispensable de diminuer le montant des droits d'enregistrement. Cela se pourrait faire sans grande difficulté ; car tous les actes devant être soumis à cette formalité, sous peine de nullité, le nombre compenserait bien vite la diminution qui résulterait de l'abaissement des droits.

De cette façon le fisc n'y perdrait pas, et chaque partie contractante y gagnerait

souvent en économie immédiate, et toujours en sécurité pour l'avenir.

Bien qu'il n'en soit pas ainsi, quant à
présent, et que nous ne puissions pas nous
flatter de voir cette amélioration se réaliser
bientôt, il n'est pas moins vrai que, dans
l'état actuel des choses, les actes sous
signatures privées sont plutôt nuisibles que
profitables.

Aussi, actuellement que je suis désintéressé dans la question, je livre avec confiance ces réflexions au public, pour
qu'elles portent leur fruit, si j'ai rencontré
juste. En cela, comme en toutes choses,
c'est mon vœu le plus cher, bien per-
suadé qu'à Dieu nous devons compte de
l'emploi que nous faisons de nos moyens
intellectuels, comme de la distribution
de nos richesses matérielles.

NOTE ADDITIONNELLE.

NOTE ADDITIONNELLE.

> La disposition à contribuer, par tous les moyens permis, à la satisfaction des autres, et à s'abstenir de tout ce qui peut leur déplaire, c'est ce qui constitue la véritable politesse et le vrai savoir-vivre.
>
> (J. BENTHAM, *Déontologie.*)

Pour apprécier une foule de toutes petites causes qui produisent de très-grands effets, il faut pouvoir se faire une juste idée de ce qui se passe journellement dans les études de notaires. Mais, pour cela, quelques détails seront utiles, bien qu'incomplets, parce qu'ils seraient trop fastidieux. Et, comme ils ne comportent pas précisément autant de gravité que les réflexions générales auxquelles ils se rapportent, ils ont été réservés pour une note particulière, où les idées fixent plus l'attention que ne le fait la manière dont elles sont rendues.

I. Nous avons dit qu'il n'existe point une bonne méthode que l'on puisse suivre comme un guide sûr. C'est un point incontestable.

Le débutant manque d'un type auquel il doive tout rapporter pour juger de l'exécution, bonne ou mauvaise, des travaux confiés à ses soins. Tout s'apprend de routine.

Ainsi, pour avoir une teinte de ce que, dans le monde, on nomme argot notarial, le débutant s'occupe d'abord exclusivement à copier.

Ordinairement, il commence à s'exercer la main par des copies, sur papier libre, d'actes très-simples, ou même de notes utiles aux détails journaliers de l'étude : à tout cela, il ne comprend rien. Aussi, est-on grandement surpris des contre-sens, des balourdises que, dans son premier emploi de copiste, fait presque toujours un débutant que, parfois, on n'a pas manqué de présenter comme un phénix de collége!

A l'aide du temps, tout ce qui se passe devant ses yeux lui permet de se familiariser avec un vocabulaire tout nouveau pour lui, mais qu'il se garde bien d'étudier philosophiquement, et qu'on se garde encore plus de lui expliquer. Il en résulte une espèce de chaos, qui peut bien ne se débrouiller jamais : ce qui n'est pas sans exemple. Que l'on demande à des clercs avancés en grade, ou, si l'on veut, à des notaires même instruits, pourquoi ils emploient telles ou telles expressions, telles tournures de phrases, ils répondront fort souvent : Par l'effet de l'habitude. — Déjà, j'ai fait remarquer [1] l'étrangeté de l'accouplement de certains mots, tels que ceux-ci : *Sous toute renonciation aux bénéfices de* DIVISION *et de* DISCUSSION, lorsqu'il s'agit seulement de *débiteurs solidaires et principaux obligés.* Et, dans le chapitre relatif à la rédaction des actes, on peut voir comment la méthode synoptique fait justice

[1] *Philosophie du Notariat.*

de certaines mauvaises tournures consacrées par l'usage.

Et, plus tard, mais par nécessité plutôt que par goût, et toujours réduit à ses propres ressources, on interroge ses souvenirs sur tout ce que l'on a pu voir et entendre; on cherche moins à s'en rendre compte qu'à le grouper par la pensée, pour arriver à une abstraction, afin de pouvoir, à son tour, en faire l'application aux conventions particulières qui se présentent à régler.

Comme les actes que l'on a eu occasion de voir en grand nombre, soit en les copiant, soit en les lisant pour la collation, laissent dans la mémoire toutes sortes de formules apprises par cœur, on les réunit ensemble par portions détachées, pour former un tout aussi complet que possible, et qui puisse satisfaire aux exigences de la circonstance qui se présente.

Bien souvent, après avoir écouté les parties contractantes et leur avoir fait des objections à côté de la question, parce que les espèces identiques sont infiniment rares, on croit découvrir leurs intentions, et l'on se met en besogne. Alors, on fait appel à sa mémoire, et l'on s'aide, au besoin, soit d'actes à-peu-près semblables à l'espèce dont il s'agit, soit de formulaires parfois faits avec peu d'exactitude. Et, quand, après s'être bien évertué, on croit avoir trouvé tout ce qui peut convenir à l'espèce mal expliquée et mal comprise, on finit par produire un contrat composé, pour ainsi dire, de lambeaux difficilement rassemblés et n'ayant que des rapports forcés entre eux; puis on lit cette production, tout en y comprenant peu de chose, à des contractants qui, la plupart du temps, n'y comprennent rien du tout. Ils l'approuvent; c'est tout simple : et l'on croit avoir produit un chef-d'œuvre !

Je me suis souvent rappelé que, voulant me faire devancer le moment où pourrait se révéler une capacité peu précoce, et encore retardée faute de méthode et de bons conseils, pour me servir de guide, on me fit rédiger un contrat auquel je n'ai jamais rien compris. Et, pourtant, on a trouvé qu'il méritait l'authenticité! En pensant à cette monstrueuse production d'un moment de crainte et de fièvre intellectuelle, que de fois me suis-je écrié depuis : Malheureux contractants!

II. Et, j'en étais ainsi réduit à mes trop faibles ressources, parce que, dans l'étude où je travaillais alors, et comme dans beaucoup d'autres, il n'y avait point cet esprit d'ensemble qui porte chacun à se tenir au courant de tout ce qui s'y passe, de tout ce qui s'y fait, de même qu'à se soumettre volontiers à la surveillance indulgente et bienveillante de ses collaborateurs.

Mais, au contraire, on voit presque toujours chaque clerc, ayant une besogne particulière à son grade dans l'étude, vouloir se renfermer dans ce qui constitue la spécialité de ses travaux quotidiens. Sans doute, ce système est bon en soi. Il est nécessité par l'ordre qu'il faut établir dans la direction de l'étude, et surtout à cause de l'accomplissement de toutes les formalités de détail. Il a même un très-bon côté quand il ne tend pas à spécialiser par trop, en excluant, en quelque sorte, du domaine commun à tous, ce que l'on sait être du ressort d'un seul. Car, une étude de notaire est un être moral, dont clercs et patron sont les membres qui contribuent à entretenir l'existence, chacun suivant ses moyens.

Répéterai-je, après tant d'autres, que, par la division du travail et l'habitude d'un travail toujours le même, ce qui fait principalement la prospérité des établissements industriels, l'homme est réduit au rôle d'une simple machine. C'est une vérité déjà bien connue, et dont un examen consciencieux et approfondi pourra mettre sur la voie pour découvrir de graves erreurs extrêmement préjudiciables à l'amélioration de la morale sociale. Cette vérité, qui doit appeler les méditations de tout homme qui réfléchit, n'est pas étrangère au sujet qui nous occupe, vu la grande difficulté que l'on éprouve trop souvent à faire comprendre à un jeune homme

que son zèle doit s'étendre à tout ce que
ses facultés peuvent embrasser : malheureusement, il n'y a que trop de tendance
à la spécialisation.

III. La raison de ceci est qu'à proprement parler, il n'y a point d'émulation
parmi les jeunes gens du Notariat ; au
contraire, il y a presque toujours rivalité.
Celui à qui l'on suppose quelque talent,
ou la possibilité d'en acquérir promptement, devient bientôt un sujet de jalousie,
qui même peut aller jusqu'à la haine. Loin
donc de recevoir des avis et des conseils
profitables, le jeune homme dont le zèle
seconde la capacité naissante, sera réduit
à ses propres ressources ; trop heureux
encore, si les conseils qu'on semblera bien
vouloir lui donner ne tendent pas à
l'égarer.

Tandis que, entre clercs, il faudrait qu'il existât une espèce d'enseignement mutuel; le plus avancé devrait toujours donner des conseils à ceux qui le sont moins. Et c'est ce qui bien rarement a lieu! Toutefois il faut reconnaître que cette heureuse exception n'est pas sans exemples.

Mais, plus fréquemment, celui à qui l'on demande des explications n'en VEUT pas toujours donner, par un motif peu honorable sans doute; car le savoir d'un homme appartient à tout le monde : les idées sont du domaine commun.

Ou bien il arrive que le questionné ne PEUT pas répondre aux objections qu'on lui fait dans le but de s'éclairer. Alors l'autorité hiérarchique intervient; et, dans la crainte de se compromettre, on ne dit pas : Cela doit être par *telle ou telle* raison, mais parce que je veux que cela soit...

Mais l'intelligence qu'on ne veut pas éclairer se rebute, se mutine, se révolte même, à tort ou à raison, surtout si l'amour-propre se trouve mis en jeu.

On se ferait difficilement une idée du rôle désolant que joue quelquefois l'amour-propre mal placé. Ainsi l'un dira positivement qu'il ne veut pas entreprendre tel ou tel travail, dans la crainte de ne pas réussir à le très-bien faire : l'orgueil le paralyse! — Tel autre regardera comme étant au-dessous de lui des choses de détail que pourtant il ne connaît pas bien. — Enfin il en est une infinité dont la susceptibilité passe toute espèce d'imagination.

Et pourtant, ce sont là de futurs notaires ; des hommes qui, dans un temps plus ou moins rapproché, seront appelés à un rôle important dans la société!

Souvent des explications, qui devraient être données et reçues avec bienveillance, pour être profitables à tout le monde, se terminent d'une façon déplorable pour l'intelligenee à qui l'on impose le joug de l'*usage*, sans donner aucunes raisons pour le justifier. En pareils cas, c'est vraiment du travail sans profit. Car enfin, on a beau travailler seul, faute de guide on ne peut pas avancer vite, surtout quand on n'est pas doué d'un génie particulier; lequel pourrait bien se trouver à l'étroit dans une étude de notaire, car génie et routine vont peu ensemble.

Maintes fois j'ai entendu parlé très-gravement du danger immense d'innover, surtout en Notariat. Un jour je fis observer à un champion de la routine que, souvent, on était dupe des mots; que le mot de novateur entraînait presque toujours une idée de blâme, parfois bien mal à propos, et que, par la magie de quelques signes graphiques, substitués à d'autres, on arrivait à un résultat tout opposé : *ainsi, changement utile, amélioration* qui, en définitive, *correspondent souvent à innovation*, sont toujours bien accueillis... J'eus beau faire, il resta incorrigible. Comme tant d'autres, l'innovation était son cauchemar. Et s'il eût existé à l'origine du monde, il eût dit volontiers : Mon Dieu! respectez le chaos!

FIN.

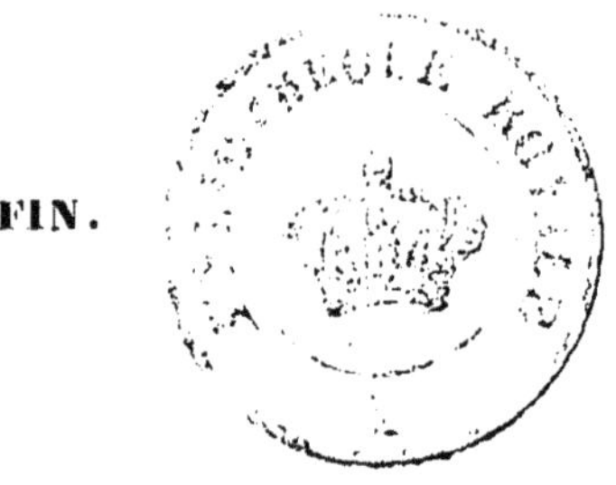

ROUEN. IMPRIMERIE DE D. BRIÈRE,
RUE SAINT-LO, N° 7.

TABLE.

www.ingramcontent.com/pod-product-compliance
Ingram Content Group UK Ltd.
Pitfield, Milton Keynes, MK11 3LW, UK
UKHW021005140726
13695UKWH00001B/103